佛山历史文化丛书

第三辑

中国机械名师温子绍

《佛山历史文化丛书》编委会 编

温荣欣 著

SPM 南方传媒 | 广东人民出版社

·广州·

图书在版编目（CIP）数据

中国机械名师温子绍/温荣欣著. —广州：广东人民出版社，2018.11（2023.7重印）
（佛山历史文化丛书. 第三辑）
ISBN 978-7-218-13239-6

Ⅰ. ①中… Ⅱ. ①温… Ⅲ. ①温子绍—传记 Ⅳ. ①K826.16

中国版本图书馆CIP数据核字（2018）第246526号

ZHONGGUO JIXIE MINGSHI WEN ZISHAO

中国机械名师温子绍

温荣欣　著

出 版 人：肖风华

责任编辑：施　勇　胡　萍
责任技编：吴彦斌
封面设计：集力书装
装帧设计：友间文化

出版发行：广东人民出版社
地　　址：广州市越秀区大沙头四马路10号（邮政编码：510199）
电　　话：（020）85716809（总编室）
传　　真：（020）83289585
网　　址：http://www.gdpph.com
印　　刷：三河市华东印刷有限公司
开　　本：787毫米×1092毫米　1/16
印　　张：13　　　字　　数：178千
版　　次：2018年11月第1版
印　　次：2018年11月第1次印刷　　2023年7月第2次印刷
定　　价：68.00元

如发现印装质量问题，影响阅读，请与出版社（020-85716849）联系调换。
售书热线：（020）85716833

总序一 Preface

抚摸历史肌肤　沐浴佛山阳光

鲁　毅

文化立世，文化兴邦。一个国家、一个民族的强盛，总是以文化兴盛为支撑的。

党的十八大以来，以习近平同志为核心的党中央对文化工作高度重视。习近平总书记明确指出，没有文明的继承和发展，没有文化的弘扬和繁荣，就没有中国梦的实现。他高度重视中华优秀传统文化的传承和弘扬，专程到曲阜孔庙考察，讲儒学对中国传统文化、对当代中国的作用；专门召开中央政治局会议集体学习传统文化，提出要认真汲取中华优秀传统文化的思想精华和道德精髓，使中华优秀传统文化成为涵养社会主义核心价值观的重要源泉；召开文艺工作座谈会，对文艺事业繁荣发展提出殷切期望。在庆祝建党95周年的重要讲话中，习近平总书记更是要求全党坚定道路自信、理论自信、制度自信、文化自信，坚定不移开辟新天地、创造新奇迹。

未来的城市竞争以文化论输赢。有了文化的积累和支撑，城市才会有活力、有生气，才能在中华文明总谱系中留下独特的文化基因。

佛山肇迹于晋、得名于唐、盛于明清，历史悠久、文化底蕴深厚，是国家历史文化名城，至今仍保留着“佛山初地”“牧唱遗风”的碑刻，文化脉络更是延绵至今，且在延续传承过程中愈加丰富、饱满，成为城市弥足珍贵的财富：南风古灶、祖庙等古迹历久弥新，陶艺、剪纸、武术、醒狮、秋色、粤剧等文化艺术至今仍熠熠生辉。

佛山历届市委、市政府都高度重视文化的传承与建设，下大气力挖掘、保护和传承城市历史文化：将弘扬优秀传统文化与文明创建有机融合，赋予“创文”新内涵；制定实施《佛山市历史文化街区和历史建筑保护条例》，使之成为佛山获得地方立法权之后出台的首部地方性法规；将传承历史文脉作为城市可持续发展的重要基底，在由城市升级向城市升值再向城市治理现代化跨越的发展历程中，始终坚持文化引领，着力建设文化导向型城市。

这种传承，这种精神，正是成就一座城市价值最宝贵的富矿。

正是这样的一脉相承，敢为人先，回响着历史上打铁手工业叮当声的土地，使佛山成为全国乃至全球重要的制造业基地。

正是这样的一脉相承，崇文务实，飘荡着书香粤韵的历史名镇，历来讲究实事求是、善于变通，注重创实业、办实事，这让佛山的综合竞争力位居全国城市前列。

正是这样的一脉相承，通济和谐，昔日河涌码头、商铺会馆熙熙攘攘的市井繁华之地，如今已是超700万市民的现代化特大城市。

对于生活在佛山的人而言，了解这些，就是了解佛山的城市自我；对外来人而言，了解这些，就是接触这座城市的“地气”。

“人事有代谢，往来成古今。江山留胜迹，我辈复登临。”观照今时此地的时空坐标，我们当以何种作为，来承接历史和未来，才能挑起时代赋予的重任？在这个命题面前，我们任重道远。

抚摸历史肌肤，沐浴佛山阳光。此次，我们编撰《佛山历史文化丛书》，深望能借此更加全面和系统地反映佛山的历史文化，使之成为佛山对外展示城市个性和人文特色的窗口；也希望能在出版推广中，进一步传承和发扬佛山发展的人文基因，凝聚共识，使城市更扬帆奋进。

《佛山历史文化丛书》由中共佛山市委宣传部牵头，佛山日报社组织编撰。本丛书非史书，而是集记。以历史文化发展为脉络，全面展示佛山的丰富历史文化，力求以科学性、学术性与通俗性为本，融人物传记与历史记载为一体，讲历史故事，叙文化传统，说佛山古今，可谓雅俗共赏。

《佛山历史文化丛书》应该说是佛山厚重历史文化积淀的一个全面展现，是近年来佛山文化建设蓬勃发展的一个生动写照。希望本丛书能引发全社会对文化佛山的了解和认同，激发上下一心、干事创业的精气神；推动建立文化自觉、文化自信，让优秀的文化基因成为佛山经济社会健康发展、提升佛山城市竞争力的重要力量。

（作者系中共佛山市委书记）

总序二

Preface

佛山——站在文明续谱的桥头堡上

罗一星

假如把两千年来的岭南历史文化比喻为一串人文项链，那么在这串人文项链上就有几颗耀眼的明珠，秦汉时期的南越国文明、隋唐时期的广州贡舶贸易、宋元时期的珠玑巷南迁、明清时期的佛山崛起和珠江三角洲的开发、清代的广州中西贸易、近代中华民国政府的建立，都是既有地方特色也有全国意义的“和璧隋珠”。

“未有佛山，先有塔坡”的谚语，浓缩了“佛山”之名的渊源故事。据说东晋时有西域僧到塔坡冈结茅讲经，不久西还。唐贞观二年（公元628年），乡人见塔坡冈夜放金光，掘地得铜佛像三尊和圆顶石碑一块，碑有联云：“胜地骤开，一千年前青山我是佛；莲花极顶，五百载后说法起何人。”乡人十分诧异，遂建塔崇奉，并因此名其乡曰“佛山”。唐宋时期，中国的经济重心不断南移。尤其是北宋末年以来，建炎南渡、元兵入主，大批的士民渡岭南来。佛山也在此时形成聚落，史称“乡之成聚相传肇于汴宋”。明清时期佛山迅速崛起，成为举世闻名的“天下四大镇”和“天下四大聚”之一，以出产精美的“广锅”而誉满天下。时人“春风走马满街红，打铁炉过接打铜”的诗句，就是对佛山冶铁业盛况的生动写照。佛山在制造业上的成就和中心市场功能，决定了她在中国城市发展史上的重要地位。然而，佛山所具有的价值还不仅在于此。佛山是明清时期因经济因素发展起来的中心城市，不同于传统的郡县城市。在其兴起发展的过程中，传统社会结构与新兴经济因素之间相互调适，兼容发展，透射着理性之光。因此，研究佛山都市化的过程与社会结构的互动变迁，有助于我们对传统中国城市发展多样性的把握，有助于我们摒弃概念化的中国城市发展形态的认知模式。此外，佛山还集中了岭南传统社会的各种文化现象，它们五色杂陈，大放异彩，其典型性远胜于广州，这又使研究佛山的文化现象具有非同一般的意义。

纵观佛山的历史地位和文化价值，每一点都离不开岭南独特地缘人文的滋养，每一页都关联着中华悠久文化的传承。如此既有结构性因素又有精致性内容的文明篇章，值得每一位热爱佛山历史文化的人士投身书写、共同编织。笔者在此仅发其端要，以就教于方家。

佛山是“广佛周期”的双主角之一

历史是时间和空间发展次序的结合体。自17世纪初至19世纪末，岭南区域出现了一个经济发展的高峰期——广佛周期。在广佛周期存在的时间内，以广州、佛山为中心的城市体系得到空间的迅速布局和层级的系统发展，其城市化的程度居全国领先地位。广州、佛山两大中心城市外贸和内贸互补功能的发挥，使因地理和人文环境差异而形成的岭南独特的三种市镇空间结构整合为一体。此时佛山扮演着双重城市角色，既是岭南二元中心市场体系的中心城市，承担广货与北货宏大交流的商贸枢纽；又是国内最大的综合型民生日用品生产基地，提供满足国内及海外的多样性产品需求。从佛山运出的精美广货及其丰厚利润，吸引了十八省商人和四远来谋生的手工业者。“走广”成为全国商人的时髦行动和共同追求。当时“汾江船满客匆匆，若个西来若个东”的大规模商品流转的盛况，常年不辍。

在广佛周期，佛山商业繁荣远胜于广州的情景见诸中外史籍。法国传教士道塔·塔鲁塔鲁和道·冯塔耐，分别于1701年和1703年到过佛山，他们都描述佛山是一个约有100万人口的巨大聚落，并称佛山既没有城墙也没有特别长官，在汾江河上的大船有5000艘以上（而英国散商船长汉密尔顿于1703年报告称广州城内住有90万人）。康熙时人吴震方《岭南杂记》记载："佛山镇……天下商贾皆家焉。烟火万家，百货骈集，会城百不及一也。"《南越游记》的作者陈徽言也说："俗称天下四大镇，粤之佛山与焉。镇属南海，商贾辐辏，百货汇集，夹岸楼阁参差，绵亘数十里。南中富饶繁会之区，无逾此者。"徐珂的《清稗类钞》也说：佛山的"汾水旧槟榔街，为最繁盛之区。商贾丛集，阛阓殷厚，冲天招牌，较京师尤大，万家灯火，百货充盈，省垣不及也"。清代到佛山的徽州商人也记载："佛山，居天下四镇之一，生意比省城大。"这里说的"会城""省垣""省城"均指广州。在此举例说明清代佛山商业规模比广州大的历史事实，并不是刻意夸大佛山的历史地位，而是指出，佛山城市的历史地位显然被长期低估，应该给予应有的重视和正确评价。

只要对广州、佛山两个市场的商品结构、商人组织和市场网络进行比较研究，就可知广州市场上各省运来的货物绝大多数是清朝允许出口的商品；各省运回的商品更是清一色的洋货，这说明广州商品与对外贸易相联系。佛山市场上，洋货寥寥，广货（或称南货）充斥，生产用品和民生日用品占主导地位，这表明佛山市场的商品与国内、省内贸易相联系。各省商人运来的"北货"（或称外江货）在佛山市场与广货大规模交流。佛山林立的外省商人会馆和形成的外省商人聚居区，都表明佛山与广州是两个功能不同的中心市场。

广佛周期开始于17世纪初的明朝末年，迄于19世纪末的清朝末年，历时三百年左右。这一周期以广州、佛山为中心形成一个地跨两广、河海相连的岭南市场体系。如果把岭南中心市场比喻成一座巨大的中外贸易桥梁，那么，广州和佛山，就犹如这座桥梁的两个桥头堡，一头连接海外市场，一头连接国内市场，它们功能各异，自成一体，然又互相联系、互相配合。这种二元中心市场模式，是以佛山城市地位的迅速上升并成为双主角之一而确立的。

佛山是中华铸造文明的重要支点

冶铁业是明清时期佛山的支柱产业，带动了佛山众多制造行业的共同发展。但是佛山冶铁业的真正贡献，却是对中华铸造文明的传承和支撑。人类从史前时代进入文明时代，是以金属的发现、金属工具的制作使用为标志的。有了对冶金术的规律性把握和持续控制的技能，人类才能从自在走向自为。世界文明史上，古埃及、古巴比伦、古印度和中国是四大铸造文明古国，也是东方铸造文明的典型代表。他们以其先进的铸造技术成为所在区域的核心国家，并依靠铸造技术优势与周边国家进行交流或挑战。中国在夏代开始进入青铜时代，史载“夏禹铸九鼎，九牧贡九金”。铸造技术支撑了礼仪大国的呈现，西周铸造的大型礼器作为镇国之宝，把礼仪文字和刑法文字铸在鼎上，形成了中华独特的铸造文明。中国在战国时期进入铁器时代，锐利的刀剑和犁耙、高大的铁塔和钟鼎，每一件铸铁品，都记录了华夏文明的历程。西汉时中国的生铁冶铸技术传到中亚地区，东汉三国时中国的刀剑制作技术传到日本并发展为倭刀锻造技术。日本、越南的铸钟、铸镜、失蜡法、生铁冶铸等技艺也是从中国传入的。正如华觉明先生指出：“中国以生铁铸造为基础的整个钢铁生产，产生了焕发异彩的钢铁文化，在世界文化史上，青铜礼器制作和两千年的铁水长流，均为中国所独有。所以说，中国的文明是铜和铁浇灌的文明。”

唐代以后冶铁技术不断南移，南汉时广州光孝寺的东西两铁塔的铸造技术已臻完美，塔身铸有上千个佛像，称为千佛塔。南宋著名学者洪咨夔的《大冶赋》这样讴歌了南方冶铸产品运输的盛况：“铜往铁来，锡至铅续，川浮舳舻之御尾，陆走车担之属，出岭峤，下荆蜀，绝彭蠡洞庭而星驰，沂重淮大江而电逐。”这里所说的“岭峤”，指的就是五岭山脉。明代后起的广铁誉满天下，佛山承接了中华传统失蜡法铸造技术，又独创了“红模铸造法”，成为与遵化齐名的两大冶铁中心之一。遵化冶铁业在正德八年（1513年）被明王朝停办后，佛山更是后来居上，一枝独秀。祖庙现存的大型铜铁礼器中，有明景泰年间铸造的北帝铜像，重2.5吨，是明代国内最大的青铜造像；有明嘉靖年间的铜镜，铜质坚光，形制巨大，为祖庙重器，是明代国内最大的铜镜；有明成化年间的铜钟，重约1吨，钮钟设计为精细的龙身造型，独具匠心，造型精美；有铸于嘉庆年间的大铁鼎，该鼎通高2.6米，以镂空金钱图案装饰，铭文工整古朴，全鼎浑然一体，气势非凡。明清两代，中国铁钟为东南亚诸国所追求。作为庙宇的镇庙之宝，佛山铸造的铁钟尤为当地寺庙首选，占据了东南亚诸国寺庙梵钟的主导地位。佛山的大铁锅更是备受欢迎。明中叶生活在淮安运河边上的吴承恩，也看到了满载广锅的货船北上的情景。于是在《西游记》里，有了钻进魔王肚子里的孙悟空大喊“我拿广锅把你这妖怪煮成杂碎”的精彩对话。明清时期，广锅出口日本，获大盈利，大者一口价银一两。雍正年间，佛山铁锅大量销往外洋，洋船每船所载多者两万斤，少者五六百斤。“其不买铁锅之船，十不过一二。”清中叶后，出国谋生的广府华侨群体，也把广锅传入美国旧金山、澳大利亚墨尔本。两广总督张之洞就曾在给光绪皇帝的奏折中称：佛山铁锅每年出口新加坡、新旧金山约五十万口。从此英语出现了“WOK”（粤语“镬”音）一词，专指圆形尖底的中国锅（Chinese Wok）。

《左传》有云：“国之大事，在祀与戎。”除了礼器、民生用品和生产器具外，佛山铸造还担负起了皇朝的国防任务。明清两朝均用佛山铸造的铁炮在全国布防，从辽东到宣大边塞，从虎门到广州城防，从水师战船到海关缉私艇，比比皆然。佛山生产的铁炮从五百斤到一万斤皆有，清代道光年间，佛山成为国内供应海防大炮的最大军火基地，广东官府曾一次性订购铜铁炮2400余门。作为支柱产业，佛山铸造业带动了佛山手工业体系的其他上百个金属加工业的发展。佛山的铜铁铅锡金等锻造行业，门类齐全，制造精细，所出产品涵盖了建筑装饰、民生日用的各个方面。入清以后，佛山的手工业进入全面发展阶段，以冶铁业为主干，以陶瓷业和纺织业为辅助，带动了造纸业、成药业、颜料业、爆竹业、衣帽业、扎作门神业的百业兴旺。多样性、派生性、互补性，构成了此时佛山手工业体系的有机结合形态。

世界科技史泰斗李约瑟认为，欧洲的生铁铸造技术是从中国传入的。因为在中世纪，只有中国能提供庞大数量的铁和钢。由此可见，中国的铸铁技术在古代和中世纪曾长期处于领先地位。而自16世纪至19世纪持续兴旺的佛山制造业，既是中国铸造技术和产品输出的高地，更是中华铸造文明的重要支点。它支撑着几千年来中华铸造文明的光荣延续，支撑着中国作为东方铸造文明大国地位的世代辉煌。

佛山既是岭南文化的核心基地，也是中华传统文化的宝库所在

岭南文化有四大内容在佛山诞生发展，它们是明儒心学、状元文化、祖庙文化和粤剧文化。

明儒心学发端于江门，而传播于西樵。明儒心学为明代广东新会学者陈献章（号白沙）所创，陈白沙提倡“道心合一”，以静坐体认天理为宗旨。湛若水（号甘泉）师从陈献章十余年，成为白沙先生最有成就的学生。弘治十八年（1505年）湛若水会试第二，授官翰林院编修，当时王守仁（号阳明）在吏部讲学，湛若水“与相应和”。其后各立宗旨。“守仁以致良知为宗，若水以随处体认天理为宗。”时称“王湛之学”，分执明中叶理学之牛耳。正德年间，湛若水到西樵山筑舍讲学。当时致仕归家的方献夫、霍韬也相继进入西樵山与湛若水切磋砥砺，日研经书，讲学授徒。湛若水建大科书院、方献夫建石泉书院、霍韬建四

峰书院。西樵山中三院鼎峙，藏修讲学，四方士子入山求学者甚众。霍韬在此时撰著了《诗经注解》《象山学辨》《程朱训释》等书，后刊行于世。当时方献夫致信王阳明说："西樵山中近来士类渐集，亦颇知向方……甘泉大有倡率讲明之意。近构学舍数十于山，以延学者，将来必有成就，此亦一盛事也。"王阳明对此嘉许，称"英贤之生，同时共地，良不易得。乘此机会，毋虚岁月，是所望也"。西樵山中的书院，培养出一批像霍与瑕这样的佛山子弟。湛若水在嘉靖初年复回朝，历任礼、吏、兵三部尚书。方献夫、霍韬亦踵其后，于嘉靖年间分别继任吏部、礼部尚书。此时的南海士大夫均以理学相高，如梁焯（曾任兵部职方司员外郎）成进士后，即游学于王阳明处，并录有《阳明先生问答传习录》传世；庞嵩（曾任应天通判）早年亦游学王阳明门下，以后复从湛若水游。湛若水曾说"北有吕泾野，南有庞弼唐，江门之学遂不坠"，庞后成为南海有名的理学大师。何维柏（曾任南京礼部尚书）年轻时负笈于西樵山，与湛若水、霍韬论学"多所默契"，致仕后创立天山书院，"阐发陈白沙绪论，四方从游者甚众"。冼桂奇（曾任南京刑部主事）登第前即"师事湛甘泉"，致仕归家后筑精舍讲学，遂"以一代理学为世儒宗"。南海士大夫在西樵山研讨理学的学术圈子，还吸引了当时当政的两广官员。例如广东巡按御史洪垣，嘉靖十一年（1532年）进士，湛若水在京师讲学时，"垣受业其门"，后出按广东，经常到西樵山求学。这样，湛若水、方献夫、霍韬以及南海士大夫群体，以西樵山为平台，传播易理，弘扬白沙心学，并以其理学上的学问和为官实践，深刻地影响了中国的儒家文化。五百年来，西樵山一直作为中华士子见贤思齐的文化名山而存在。正如明代学者方豪所言："西樵者，天下之西樵，非岭南之西樵也。"

状元文化不属佛山独有，但以佛山最为杰出。佛山自古科甲鼎盛，南汉的状元简文会和南宋的状元张镇孙名节自持，是佛山士子中初露头角者；而明代不断涌现的状元和会元，则令佛山科名雄视岭南。明成化年间石硝乡的梁储考中会元（官至内阁首辅），明弘治年间黎涌乡的伦文叙状元及第，明正德年间石头乡的霍韬亦夺魁会元。其后，伦文叙之子伦以训亦中会元。黎涌、石硝、石头相隔不到五里，人称“五里四会元”。而伦文叙一家父子四人，文叙连捷会元、状元，以训连捷会元、榜眼，以谅为解元、进士，以诜亦为进士，因而又有“父子四元双进士”之誉，人称“海内科名之盛，无出其右，所谓南伦北许也”。还有明万历年间状元黄士俊亦蟾宫折桂，清末时状元梁耀枢也独占鳌头。明清两代，佛山一共出了五个状元、三个会元。清代佛山科名依然头角峥嵘，时人有“广郡科第之盛甲于粤中，南海科第之盛甲于广郡，佛山科第之盛又甲于南海”之说。以科举出仕的有湖南巡抚吴荣光，四川总督骆秉章，咸丰探花李文田（礼部右侍郎），梁僧宝（鸿胪寺少卿兼军机），戴鸿慈（协办大学士、法部尚书、出洋五大臣之一），张荫桓（户部左侍郎、驻美国公使）。还有在三湖书院就读的康有为和在佛山书院就读的梁启超、署理邮传部大臣梁士诒等。这些人才的出现，使佛山成为名副其实的“气标两广的人文之邦”。为什么佛山状元、会元在明代中叶呈群体性涌现？为什么明代佛山籍大吏在嘉靖朝宠命优渥？状元文化留下了何种文化基因？要回答这些问题，就要对科举制度进行探讨、对皇权体制进行分析、对中华传统文化进行整体把握。唯其如此，研究佛山的状元文化，就具有了特殊的价值。

祖庙文化为佛山所独有。在中国城市发展史上，如果说有一座庙宇与一座城市的命运休戚相关，那就是佛山祖庙。明清时期的祖庙，是当时佛山人的信仰高地和心灵归宿。可以这样形容两者之间的关系：祖庙之于佛山镇，事事相关；祖庙之于佛山人，代代相系。明正统十四年（1449年）发生的一场长达半年的佛山保卫战，把祖庙和北帝深植在佛山先民心中。当时为了保卫佛山自明初以来积累的劳动成果，佛山先民有二十二老以祖庙为指挥部，罄其财产，分铺防卫。万人一心，众志成城，终于保住佛山不受掠夺。事平之后，明王朝敕赐祖庙为灵应祠，列入官府谕祭。佛山先民遂把佛山全境分为二十四铺，分区管理，从此佛山脱离乡村形态，走上了城市化的发展之路。祖庙也成为珠江三角洲最大的北帝庙，并诞生了出秋色、烧大爆、北帝坐祠堂等民俗庆会和祖庙建筑群。明清时期，祖庙还是佛山士绅议事决事的中心，佛山民间自治组织明代的“嘉会堂”和清代的“大魁堂”均设于此。至今悬挂于祖庙大殿外的“廿七铺奉此为祖，亿万年惟我独尊”的对联，就是对祖庙在佛山地位的精辟写照。千百年来，祖庙以其独特的人文之光滋养着佛山这片土地，也给这片土地留下了享誉千年的人文瑰宝和古建华章。因此，研究祖庙千百年来亦庙亦祠的发展脉络，可以发现岭南人文的精彩篇章。从这个意义上说，解读了祖庙的文化内涵，就可以理解佛山的民间信仰；解读了佛山的民间信仰，就可以理解中华文化之博大。

粤剧文化的诞生和发展与佛山有直接的关系。粤剧行语有云：“未有吉庆，先有琼花。”“吉庆”是指同治年间设在广州的粤剧吉庆公所，“琼花”是指雍正年间设在佛山的琼花会馆，两个都是粤剧的行会组织。琼花会馆在前，吉庆公所在后，二者有明显的承继关系，然时间相差上百年。粤剧在佛山的诞生，并不是偶然的。戏剧的发展与社会经济发展密切相关。首先，佛山神庙和宗族祠堂众多，需要大量的神功戏酬神；其次，商人和侨寓的大量涌入，使会馆以及单身汉的数量迅速增加，需要演剧酬谢行业神和丰富业余生活；再者，数量庞大的手工业者常常要庆贺师傅诞和满师礼。土著的祭祀需要、侨寓的文化生活需要和工商业者的行业惯例需要三者相结合，为粤剧的诞生培养了深厚土壤。雍正年间，北京名伶张五，号称“摊手五”，南来佛山，寄居佛山镇大基尾。张五以京戏昆曲授诸红船子弟，变其组织，张其规模，创立琼花会馆。琼花会馆建立于雍正年代的事实，可以在1752年陈炎宗修《佛山忠义乡志》之《佛山总图》中标出的“琼花会馆”一建筑得到证实。琼花会馆建立后，规范了粤剧剧种和十行角色，培养了大批粤剧人才，从而使粤剧走向蓬勃发展的阶段。粤剧宛如逾淮之橘、出谷之莺，从而独树一帜，向广州、向珠江三角洲乃至向广西东南部迅速发展。张五从此被粤剧艺人尊奉为“张师傅”。咸丰四年（1854年），因琼花会馆戏班参加红巾军起义，清军平毁了琼花会馆。此后粤剧班子均散向四乡及流集于广州谋生，同治年间遂在广州设立吉庆公所。由此可见，佛山是粤剧诞生的地方，又是粤剧发展的基地。粤剧与佛山社会生活息息相关，互相依存，共同发展，并成为中华传统戏剧的重要剧种。

上述岭南文化的四大内容都在佛山诞生或发展，其成长过程中的“佛山”烙印固然明显，而其对中华文化的影响也是显而易见的。此外佛山收藏的木鱼书、木版年画、扎作工艺品、石湾瓦脊、石湾公仔等文物作品，现存的祠堂和锅耳形建筑以及北帝巡游、出秋色、行通济等习俗庆会和武术、中药、传统广府菜肴等，都具有典型的岭南特色，其中不少属于非物质文化遗产，所以说佛山既是岭南文化的核心基地，也是中华传统文化的宝库所在。

唯书有华，赠人如锦。《佛山历史文化丛书》将以各位著者多年的研究成果和独特视角，为您展开丰富多彩、颇具价值的佛山历史文化长卷，让海内外朋友捧如甘饴，感受佛山的内涵与精彩；让生于斯长于斯的老佛山人重拾瑰宝，不忘初衷；让来自他乡的新佛山人感受传统，仰之爱之。笔者身非佛山公，却心萦佛山乡，35年来对佛山历史文化持续关注与爱护，情有独钟，从未释怀。因为笔者深深地知道，从古到今，佛山一直站在文明续谱的桥头堡上。

（作者系历史学博士、中国社会经济史学者、佛山史专家、广州市东方实录研究院院长，著有《明清佛山的经济发展与社会变迁》）

目录

目录

绪 言

广东地处中国南部沿海，长期以来一直是中国对外贸易的中心地。鸦片战争以后，广州、厦门、福州、宁波、上海被迫开放。

在西方资本主义政治、经济、文化的猛烈冲击之下，广东一些较开明的官吏和知识分子较早开始留心西学。19世纪40年代初，林则徐在广东就曾提出过“以洋税办洋防”、制造船炮的主张，还有人试行仿制过火轮船，翻译和介绍世界知识在广东也颇为盛行。虽然由于清政府闭关自守，致使林则徐等少数先行者的思想闪光不可能在广东成为现实，但到第二次鸦片战争后，随着洋务派在清政府中占据重要地位和推行洋务运动，广东这种得风气之先的优势得以显示出来。

广东是晚清时期全国率先开展洋务运动的少数几个省区之一，19世纪60年代前半期就已经开始出现端倪。1863年，清政府下令广东官员筹商广州同文馆，广州同文馆的建立是广东洋务教育的开始，也是广东开展洋务运动的重要标志。同文馆是第二次鸦片战争后的产物，最早建于北京（1862年设京师同文馆，附属于总理各国事务衙门）。它是清政府为解决急需的翻译人才而设立的外语学堂，也是洋务派办洋务教育的开始，因此是洋务运动的一项重要内容。

在广州同文馆建立前后，购买、仿制新式船炮的军事近代化活动，已在广东有所酝酿或开展。早在任两广总督的后期，为了镇压省内农民起义的需要，劳崇光就曾经成立洋枪队，选派兵丁接受英法军官教练，使用洋枪洋炮。劳崇光一面托英国领事罗伯逊向国外采办新式枪炮，一面计划“雇募制造火器、火药之良工数人来粤”，由内地选派精细工匠学习制造，并派委员监造。此外，劳崇光还曾参与总理衙门首次向英国大规模订购船舰（阿思本舰队）的活动。继后督粤的晏端书、毛鸿宾等，也对引进和仿制新式武器颇有兴趣。当时作为晏端书随员来粤的丁日昌，曾奉命在广东提督昆寿军营中“督办火器”，并在广州市郊燕塘设立炮局，生产大小硼炮及硼炮子。

丁日昌本人也以此而闻名，被李鸿章调往上海主持洋炮局。在仿制轮船方面，郭嵩焘担任广东巡抚时就曾有发展机器船生产的计划。接替郭嵩焘任广东巡抚的蒋益沣扩展了计划，1866年8月在发向北京的奏折里，直接提出在广东等地设厂“制造轮船，一面雇觅洋匠指授，一面选聪明子弟入厂学习”的建议，并主张“沿海富商大贾，亦准其租购轮船夹板，而籍其名于官兵，无事则任彼经商，有事则归我调遣”，“船上舵工炮手，初用洋人指南，习久则中国人亦可自驶”。[①]这些仿制轮船的筹商和建议，当时虽然未被采纳和实现，但蒋益沣还是会商粤督瑞麟，自筹款项从英法两国陆续购买来七艘轮船，用于广东沿海的巡缉工作，这是广东水师也是中国水师中最早使用的一批轮船。以上这些活动表明，在广州机器局成立前十余年间，以引进新式船炮为主要内容的军事近代化活动在广东业已出现。

在19世纪方兴未艾的洋务运动中，广东出了个机械名人，创造了中国历史上的多个“中国第一”，为近代中国机械工业的发展做出了贡献，他就是温子绍。温子绍（1833—1907），字飏园，顺德人，其球之父。自幼属意艺学，对泰西机器制造之事悉心考究，山东巡抚丁宝桢闻讯亦欲聘其筹办海防。

温子绍像

19世纪中后期，欧美基本上已经完成第一次工业革命，但是在中国大地，大部分国民两眼漆黑，中国的儒家知识分子和社会精英轻蔑地辱骂科学技术为“奇巧淫技”，他们反对机器，但是

① 《筹办夷务始末》（同治朝），卷四十三，第15—17页。

也有少部分先知先觉者认识到，科学技术不是坏事，而是惠民强国的利器，广东人温子绍就是这方面的代表人物之一。

道光十三年（1833年），温子绍出生于顺德龙山乡小陈涌一个仕宦世家，他的命运，注定同那风雨飘摇的帝国一道，被卷进历史的烽火岁月。广东是近代中国开风气之先的地方，在这种环境的熏陶下，温子绍“自幼即留意艺学，于泰西机器制造之事，悉心考究”[①]。至30多岁时，温子绍因精于机器制造，在社会上已小有名气。

温子绍能够继续施展自己的才气，还得益于一位“贵人”——两广总督瑞麟。1873年（清同治十二年），广东机器局兴工建厂，次年即投产，温子绍被瑞麟任命为机器局总办，从此，他为广东的机器制造付出了长期的辛勤劳动，几年后产品闻名遐迩，各地争购。1881年，温子绍又研制出第一号“蚊子船”，取名海东雄号，这是中国第一艘国民自主制造的炮舰，嗣因朝廷军费紧张，1885年被张之洞以“虚靡”罪名罚银50050两并革除一切职务。1889年张之洞调督湖广，李瀚章继任，次年温子绍经三法司会审，证明其清白并重新总理机器局，又在黄埔创设无烟火药厂。温子绍为广东近代官办军工业创始人，1895年辞职归里，倡建联济善堂，兴筑水闸，1907年病逝。

温子绍是中国近代军工业创始人之一，制造了中国第一支自动步枪；创办了广东第一间军装机器局，这也是中国第一间不倚外洋、国民自主的军装机器局；生产并捐献了中国第一艘国民自主制造的炮舰海东雄号，被两广总督张树声誉为“中国创始之举”。甲午海战失败后，温子绍又自制“火箭”，盼扭国运；开办了顺德首间机器缫丝厂；兴修大角围、桑园围，发展经济；创办善堂、免费药店，救死扶伤。温子绍开办的近代军工业，对于海防力量的加强，无疑是起了积极的作用。无论是广东机器局、石井枪弹厂的

---

① 周之贞：《顺德县志》卷十七，《温子绍传》。

兴建，还是广东水师的不断扩充，其主要目的都是巩固海防、抵御外敌。中法战争期间，法军频扰广东沿海，准备伺机入侵广州而终未得逞，这同广东海防力量的加强不无关系。后来的中日甲午战争中，石井枪弹厂曾向台湾抗日前线输送该厂生产的子弹，广东水师中的广甲号、广乙号、广丙号三艘战舰还参加了北洋海军与日本的海战，这说明它们在抵御外侮中也都发挥过实际作用。

温子绍开展的近代机器生产活动，对广东商品经济和民族资本金融业的发展也有一定的刺激作用。再加上广东商品经济比较发达、毗邻港澳、华侨回乡投资等因素，民间商办企业在广东出现较早、发展较快。19世纪70年代，广州、南海等地已经开始有若干机器缫丝、船舶修造、机器制造、轮船运输等方面的商办企业，如陈启沅的继昌隆缫丝厂、温子绍的利源兴机器缫丝厂、陈植棨的裕厚昌缫丝厂、陈澹浦的陈联泰机器厂、梁定荣的广德泰轮船公司等。此后，机器缫丝业在珠江三角洲一带发展迅速。而同一时期，在广州、佛山、汕头、九龙、香山、海南岛等地还陆续出现一些商办的机器厂、火柴厂、榨油厂、造纸厂、印刷厂、电灯厂以及轮船公司、铜矿、银矿等。洋务运动时期广东民族资本主义的发展在全国位居前列，可说是仅次于上海的一个省区。

温子绍开办的近代军工业在培养近代外交、科技、军事人才等方面也有一定的成效。随着近代工业的兴建，广东近代军工业引进了欧美国家的一些近代生产技术，造就了一批掌握自然科学的知识分子和工程技术人员，培养了一批海、陆军的指挥和技术人才。另外在广州机器局、枪弹厂、铸钱局等近代企业中，也培养了一批中国的匠师和技术工人。同时，企业的利润，还吸引了一些官僚、地主、商人投资于近代工业，客观上对中国资本主义发展起到了刺激作用。虽然洋务运动没有使中国富强起来，但它引进了西方先进的科学技术，使中国出现了第一批近代化工业企业，客观上推动了中国近代化的进程。

第一章

生于忧患时代

温子绍出生于第一次鸦片战争前夕。进入19世纪，清王朝日趋腐朽衰落，以英国为首的西方资本主义国家却相继完成了工业革命，英国成为世界头号资本主义强国。为了扩大海外商品市场，1840年，英国侵略者在其他西方资本主义列强的支持下，向古老封建的中国发动了侵略战争。这次战争因英国强行向中国倾销鸦片而起，史称鸦片战争。这场血与火的战争强行打开了中国国门，也极大地改变了中国社会的性质，中国从此失去了独立自主的地位，开始由独立的封建国家逐步变成半殖民地半封建社会性质的国家，中华民族由此开始了一百多年屈辱、苦难、探索、斗争的历程，中国近代历史亦由此发端。

第一节　年少初成

顺德县位于珠江三角洲腹地，东邻番禺，西、北面与南海和佛山接壤，西南与新会隔江相望，南与中山交界。顺德水网交错，常年风调雨顺，受上苍恩泽，物华天宝，人杰地灵，乃是一富庶之地，其名由来便是“顺天明德”，蕴含深远。

南海与顺德相邻，两县之间横跨一个大型堤围，名为“桑园围”，于宋徽宗年间修建，依山冈、丘陵、台地而建。西临西江正干流，东临北江正干流，三面有堤，设计上利用西、北江洪峰向下游降低的水文特征建成开口围。据《龙山乡志》记载，道光十三年（1833年）五月，水泻如注，桑园围溃决，县内尸横遍地，幸存者万念俱灰。①

顺德百姓苦不堪言，面对疮痍满目的家园，泣不成声。这时，当地一官宦人家温承悌的夫人诞下第七子。据说那一日，有不少喜鹊飞来，盘桓在村

① 张永锡：《龙江千年回眸》，广州出版社，2008年，第390页。

口，久久不愿离去。

温家人听说喜鹊降临，觉得是吉兆，于是给孩子取名为子绍（音：兆，希望他为温家带来吉祥），字瓞园，取意“瓜瓞连绵”，子孙昌盛之意。[①]

这件事很快就传了出去，村里人闻言，纷纷到温家议论着这个孩子的出生意味着灾祸的结束，顺德将会迎来新的希望。就在那一晚，大水奇迹般地消退了。

越二年冬天，下起了千年一遇的大雪，[②]败鳞残甲处处飘零，漫天飞舞如絮，积地数寸，深者达尺余，此乃顺德千年未见的大雪。瑞雪兆丰年，这一场罕见的大雪后，自是“连年大熟，斗米百钱”，给顺德带来了新的希望。温子绍出生旋即碰上千年一遇的大雪，亦可能预示着这个孩子将要迎来不平凡的一生。

灾难过去，顺德恢复往日喧哗繁盛。温家公子温子绍由于从小机智过人，才智超然，在村里非常出名。由于在家中排第七，人们称呼他为“温七少”。后来的温子绍经常接济穷人，帮扶乡里，于是“大善人温七少”的美名，也逐渐传扬了出去，这是后话。[③]

温子绍天赋极高，虽然时年不过七八岁，已通读四书五经，熟习琴棋书画。故不少乡民感慨其天赋异禀，他日定能高中，光耀门楣。温承悌听后不觉暗喜，内心却又哀叹。他曾为官，亦知清末官场模样。

温子绍十五六岁的时候，弃四书五经而专注于其他。温承悌初觉不妥，待到和温子绍详谈过后，方发觉此子不喜四书五经，却喜枪炮机械，其后无论温子绍看何书籍，均不做阻止。

究其原因，得从当时的时代背景说起。

---

① 《温氏光禄祠颐光堂家谱》。

② 张永锡：《龙江千年回眸》，广州出版社，2008年，第390页；民国版《龙山乡志》。

③ 《温氏光禄祠颐光堂家谱》。

第二节　晚清面临的困局

温子绍成长于鸦片战争爆发时期，清朝处于内忧外患的复杂时代。研究温子绍，就得花点笔墨把当时中国的复杂状况还原出来。

1840年，清道光二十年的鸦片战争，改变了中国的近代史，也间接改变了温子绍的一生。

1840年的鸦片战争，对于中国而言，意味着灾难的开始。此前由于英国商人在中国广东海域走私鸦片20多年，日渐猖獗，故而林则徐于1839年虎门销烟，中英矛盾加剧，引发战争。

其实，中英之间的矛盾早已存在，明末清初以来，越来越多欧洲人东来中国发展贸易，但清朝自康熙以来一直收紧外贸政策，甚至在乾隆年间开始实行闭关锁国政策。

乾隆二十四年（1759年），清廷进一步限制外人来华贸易，批准两广总督提出的《防范外夷规条》，严格限制外人来华贸易外，更规定武器、米粮、硝磺、铁锅、废铁和各种铁器不准出口。蚕丝、绸缎也有出口数量规定。而中国这么大的市场，英国怎么可能放弃？只能不断地想办法，想要再次进入中国。

在1793年，英国便派出了一支135人的庞大使团访华，并且配置了600余人的军队进行护送，使团由马戛尔尼带领。他们的目的便是向中国提出扩大对华通商的各方面要求。而此时的乾隆正陶醉于完成自己的“十全武功”，并且要补庆八十大寿。当时的英国，对于这个神秘而古老的东方国家还是充满敬仰的，所以访华使团对于乾隆十分谦卑，说话的时候毕恭毕敬，让乾隆很是受用，也越发傲慢，看不起英国来，虽然对英国使团很是礼貌，但是也不怎么待见他们，也根本没有过问他们到底是来干什么的。①

---

① 丁贤俊：《洋务运动史话》，社会科学文献出版社，2011年，第8页。

在一系列烦琐的礼数之后，使团终于找到机会，向乾隆说出了他们的六项要求：允许英国商船在珠（舟）山、宁波、天津等处登岸贸易；按照俄国商人在中国通商的前例，允许英国商人在北京设下一处行栈进行买卖；在珠（舟）山附近设一不设防的小岛，归英国商人使用，以便存放货物并且作为居住地；在广州附近的英国商人也拥有同样的权利，且同意英国商人往来，不加禁止；英国商人的货物从澳门运往广州的话便不进行税收，不能尽免便按照1782年的税率进行减税；英国商人按照中国的税率缴税以后，便不再另行征税。

同时，英使团还希望清廷允许英国人进行自由传教。清朝后期实行了闭关锁国政策，注定是要与时代脱节的。英国意识到了这一点，便有意识地要渗透进中国来，以便在将来的某一天更好地在这个丰饶的土地上赚取利益。要做到这一点，不仅要让更多的英国商人和货物进来，更重要的是将思想带进来，而宗教就是一个很好的途径。[①]

乾隆帝正沉溺在四方来朝带来的满足感之中，对于一个千万里之外的、不怎么了解的国家竟然敢提出这么多要求，感到十分气愤，毫不犹豫地拒绝了，并且给英王写了国书，明确表示自己拒绝这些要求，让英国方面断了这个念想。

乾隆对于外界实在不了解，不知道当时的英国已经是海上霸主，并且是一个资本主义强国。他的这次拒绝，表面上看表现出了自己天朝大国的强盛和威仪，其实反而更加剧了英国人想要占领中国市场的野心，为将来的一切埋下了祸根。

英国使团虽然事后被尽数遣送回国，但是他们在中国的时候，已经详尽地考察了中国的军事、政治、经济、社会等各方面的情况。中国还不了解英国，英国却几乎将中国摸了个透。英国人知道北京皇宫十分辉煌典雅，皇帝

---

① 丁贤俊：《洋务运动史话》，社会科学文献出版社，2011年，第9页。

的行宫也是极尽奢华，然而广大百姓的生活则是困苦而落后，便判断出此时的中国处于一个衰败的状态——他们拒绝与外界往来，说是自己国家十分强盛根本不需要，那也情有可原；可是当掌权者连自己的民生都不关心了，那这个国家也就快走到头了。既落后，又不关心民生，更关键的是，锁上了通商的大门，让自己的视野变得狭隘，注定要一点点落后。①

不仅如此，使团还摸清了中国军队的情况，发现军营内的士兵根本没有接受过近代的基本军事训练，所使用的武器也全都是冷兵器——即便是冷兵器，他们也用得不顺手。泱泱大国却只有这种战斗力的军队，怎么守得住？此时的英国，便萌生了武力入侵中国的心思，只不过因为距离太远，并且时机还不成熟，所以暂时搁置了。②

正在扩张之中的英国绝对不会停止对于中国的骚扰，只不过暂时没有撕破脸皮。在接下来的几十年时间里，中国停滞不前甚至倒退，而英国则是不断进步。19世纪英国进入了蒸汽时代，工业水平大大提高，工业运输也不断提升。1807年英国出现了汽船，1814年出现了蒸汽机车，1825年便建成了第一条铁路。工业生产方面，在初期的时候英国生铁年产量只有25万吨，到了1835年便猛增到了100万吨；20世纪英国对印度出口了棉纱300万磅，棉布4500万码，这一举动直接让印度的棉纺织业崩溃。而工业生产力的提升，也让英国越来越迫切地想要拓宽市场和贸易渠道。③

向中国输入鸦片，可以让中国人沉溺于此，还能不断地从中国人手上赚取白银，何乐而不为呢？于是英国人便不急着武力入侵中国，认为没必要浪费军力，干脆就用输入鸦片的方法继续消耗中国的国力。④

到了1837年冬，英国已经命令东印度洋舰队的司令带领部分军舰来到中

① 丁贤俊：《洋务运动史话》，北京：社会科学文献出版社，2011年，第10—11页。
② 丁贤俊：《洋务运动史话》，北京：社会科学文献出版社，2011年，第12页。
③ 斯塔夫里阿诺斯：《全球通史》下册，北京大学出版社，2006年，第583页。
④ 斯塔夫里阿诺斯：《全球通史》下册，北京大学出版社，2006年，第584页。

国附近，此时他们已经蓄势待发，随时准备进攻中国了，只是因为目前还可以正常地交易鸦片，所以暂时没有让年轻人上战场白白牺牲罢了。

然而1839年林则徐虎门销烟一事，直接激怒了英国人。英国方面，亟须打开中国市场，仅广州一处并不满足，加上又因为鸦片同中国政府撕破脸，故而决定发动战争。这也就是历史上的第一次鸦片战争。①

鸦片战争的失败，丝毫没有让统治阶级意识到自己的不足，至少在道光帝和一些重臣的眼里，这次失败，并不是因为他们不够强导致的，他们也从未因此而反思过。

在鸦片战争之前，林则徐就向道光皇帝请求过要用部分关税来制造炮船，抵御英国军队入侵，然而道光帝并不理会，甚至撤了林则徐的官职，改用琦善，然而也不怎么理想，几度换人之后都没有好的成效。而道光皇帝先前发誓要将入侵者尽数杀光，在屡战屡败之后又说："与其兵连祸结，何如息事安民？"

道光皇帝一再因为战败而感到屈辱，却只知道责怪臣子作战不利，却根本没有想过导致失败的重要原因——那就是他们的军队战斗力并不如别人。②

其实早在乾隆年间，英国派遣使者到中国商讨通商事情，使者便邀请大将军福康安观看他的卫队演习欧洲新式火器操作，却被回绝，称"看亦可，不看亦可"。正是由于长期以来清政府统治集团狂妄自大，不愿意了解西方情况，所以到了鸦片战争爆发以后，清政府对敌人情况全无所知，故而落败。

---

① 斯塔夫里阿诺斯：《全球通史》下册，北京大学出版社，2006年，第587—588页。

② 丁贤俊：《洋务运动史话》，社会科学文献出版社，2011年，第18—19页。

第二章

师夷长技以制夷

师夷长技以制夷是魏源在其著作《海国图志》中提出的著名主张。1842年《海国图志》问世，作者魏源在该书《原叙》中指出著书目的："是书何以作？曰：为以夷攻夷而作，为以夷款夷而作，为师夷长技以制夷而作。"所谓"师夷"主要是指学习西方资本主义各国在军事技术上的一套长处，而"夷之长技三：一战舰，二火器，三养兵练兵之法"。魏源不仅主张从西洋购买船炮，而且更强调引进西方的先进工业技术，由自己制造船炮。所谓"制夷"，即抵抗侵略、克敌制胜。在这个主张里，师夷是手段，制夷是目的。通过"师夷长技以制夷"的主张，魏源明确地把是否学习西方国家"长技"提高到能否战胜外国侵略者的高度来认识，他强调指出，不善师外夷者，外夷制之。这个主张表现出了一种高度的爱国主义思想，向处于巨大变故中的中国人提出了"向西方学习"的新课题。

第一节　第一次鸦片战争时期清军与英军军事差距

1841年1月7日，丧失谈判信心的英军突然袭击虎门炮台，正式打响了第一次鸦片战争。1840年6月，英军开始攻打广州。英国舰队由16艘战舰、4艘蒸汽军舰、28艘运输舰船组成，军队人数约4000人。

虽然在战争期间，以八旗、绿营为主体的清军进行了一定程度的抵抗，但随着战事的推进，清军的致命弱点被暴露出来，面对英军时一触即溃、闻风而逃，甚至直接投降。最终，在英军的坚船利炮之下，清廷被迫与英国签订了中国近代史上第一个不平等条约《南京条约》，又割地又赔款，颜面扫地。

显而易见，清军的战斗力远远落后于英军。那么，清军与英军的差距到底在哪里？

一、武器装备

清军使用的火器与英军相比落后了200年。中国最早使用的火器装备是明朝嘉靖年间从倭寇那里缴获的葡萄牙火绳枪，清军装备了这类鸟枪58种之多，射程100米左右。英国则装备了当时世界最先进的伯克式前装滑膛燧发枪和布伦士威克前装滑膛击发枪，射程分别在200米到300米以上。由于军费限制，清军使用的枪居然还有166年前的款式。

火炮方面差距更明显，清军火炮铁质差、铸炮工艺落后，炮架瞄准器都不全，火炮没有炮架移动不方便，不能瞄准就全靠士兵的经验。开战的时候，炮的威力影响巨大，清军没有打沉一艘英军战舰。

清朝的火药工艺也落后，含硝量过高，容易受潮，不能久存，颗粒粗糙，大小不一，不能充分燃烧。

19世纪中叶，英国已经是世界上最强大的海军强国。光是战列舰的总吨位就达到了25.7万吨，超过了当时美国、法国、荷兰、西班牙、丹麦、瑞典六国战列舰总吨位之和。同时，英国拥有当时世界上最先进的一级战列舰，载炮100门。

其实，在第一次鸦片战争中，英国并没有投入最先进的一级战列舰，而是派来了3艘载炮74门的三级战列舰，即威厘士厘号、麦尔威厘号和伯兰汉号。但是，仅这3艘战列舰，就已经与清军的舰船有着200年以上的代差。

清军舰船是什么样的情形呢？从数量上说，清军拥有890艘舰船，远超英军。可这都是些什么样的舰船呢？清军最大的广东米艇和福建同安船，载炮数量只有20门、载员不过100多人。这样的舰船，完全不能与英军舰船相比，甚至还比不上400多年前明朝郑和下西洋时使用的船舶。在动力上，清军舰船还停留在桨橹与风帆并存的阶段，主要靠人力划桨摇橹推进，在英国人眼里，清军舰船就像一堆庞大而笨重的木材。

军队方面，英军为当时世界最大的舰队，400多艘战舰，主要是木制风帆动力，排水量大，能远航，舰载炮10门至120门。清朝当时的海军叫水师，主要是福建水师和广东水师，主要功能是沿海巡逻，算不上正式的海军，最多算海岸警卫队。虽然数量也有数百艘，但是最大的船吨位赶不上英军等外级军舰，安炮最多的也只相当于英军最少的。为了保持水师这种低劣的优势，官方甚至规定限制了民间造船的大小，严重制约了中国的航海业发展。这种低劣的海军使得鸦片战争中，清军基本放弃了海战，也等于实际上放弃了战争的主动权。

而在陆军上，英军已经装备了较为先进的来复枪，而清军的主要武器还是200多年前就已问世的火绳枪。火绳枪操作复杂、缓慢，精度差、射程近，在雨天还不能使用。战争最直接的首先是军事力量的对抗，武器装备则是军事对抗中最直接的对抗。鸦片战争基本上是处于火器发展初期的英军与冷热兵器混用的清军之间的对战。

开战后清军主要是靠城和海岸炮台，这种炮台士兵只能躲在垛墙后面防御，很容易被大炮轰击，炮台顶部没有防御，大炮不能转动，基本安放正面，没有其他堑壕等配套防御措施。

清朝在鸦片战争前期，长时间没有大规模的战争，导致武器技术革新不大，清王朝不是着力革新技术，而是想通过保密的方式保持武器优势，反而造成了变相的落后。长久的和平生活，让清朝统治者忘记了未来战争的挑战，根本没有长期的武器装备计划。

19世纪70年代，左宗棠远征新疆在陕西发现明末遗物的“开花炮弹”实物，大为感慨：“利器之入中国三百余年矣，使当时有人留心及此，何至岛族横海上，数十年挟此傲我。”

二、军队士气

其实，如果仅仅是武器装备差，还不足以成为影响战争胜负的决定性因素。第一次鸦片战争发生30多年后的1879年，已经完成工业革命的英国正在全世界跑马圈地，占领殖民地。然而，当英国军队来到南非时，却遭到祖鲁军队的袭击。

祖鲁是一个原始部族，立国才60多年。祖鲁军队使用的武器相当落后，他们没有什么火器，使用的主要武器是一种细长木柄标枪。照说，这样一支还停留在冷兵器时期的军队根本就不是英军的对手。可在伊散德尔瓦纳战役中，精明强悍、行动敏捷、遵守纪律的祖鲁军队却打败了英军，杀死了1000余名英军士兵。

与祖鲁军队相比，清军的武器装备堪称优良。可是，清军士气消沉、军心涣散，上至指挥官，下至普通士兵，大家不知道为什么要打仗，也不知道民族尊严、国家荣誉为何物，对士兵的职责缺乏使命感。清廷也从没向军队发布动员令。因此，很少有士兵愿意在战斗中付出生命。到了打仗的时候，一旦形势不妙，逃跑往往是第一选择。

三、军事训练

在军事训练上，清军只能用两个字形容——糟糕。一支军队战斗力水平的提高，无外乎两种手段：一是实战，二是训练。清朝承平日久，自康熙、雍正、乾隆以来，几乎没有遇到过大规模的战争，这就使得清军无法通过实战来提高战斗力水平。然而在训练上，清军也荒芜已久。八旗军就不说了，一贯养尊处优，一副“老爷军”的派头，就连绿营也极少进行军事训练。一年之中，充其量有10余天开展训练。至于全年从不进行训练，也是常有的事情。由于长期缺乏军事训练，清军将领军事素养极为低下，不具备近代军事思想，打起仗来自然捉襟见肘，漏洞百出。

如前所述，英军第一次投入战争，只有4000余人。后来通过逐渐增兵，达到了19000余人，但在数量上仍然和清军不能相提并论。因为参战清军数量一度达到了20万人，差不多是英军整个陆军的数量。英军仅以20万人的部队，控制着全球数十个国家的殖民地，可见其军队战斗力之强。

当然，英军强大的战斗力，与其严格的训练、丰富的实战经验密不可分。英军每周训练4至6日不等，每年达到了200至300多天。在19世纪初的拿破仑战争期间，英军的训练更加频繁，一年只休息2天。

四、后勤保障

俗话说：“兵马未动，粮草先行。”这说明了后勤保障在军事行动中的重要性。英军非常重视后勤保障。他们第一次投入战争的舰船有40余艘，直接用于作战的军舰只有20艘，用于后勤保障的运输舰船就有28艘。

后来，英军陆续增兵，作战军舰增加到40艘，而后勤保障舰船则增加到60余艘。令人不可思议的是，那时候英军就拥有了专门的医疗船、测量船。上述种种，为英军提供了充足的后勤保障，使得英军虽然远离本土作战，但伙食标准远高于本土作战的清军。

而且，所有的英军都能按照合约，从政府领取一份不菲的薪金。这份薪金，足以让英军士兵养活自己及家庭。所以，绝大多数英军都是自愿加入队伍的。

清军基本上没有建立起近代后勤保障制度，军饷经过层层克扣之后，能够真正进入士兵口袋中的少之又少。

当时，清军每月能领取1至3两银子的饷银，这点钱完全无法养家糊口，连最基本的家庭生活开支都无法应对。底层的清军士兵不得不搞起“副业”，赚取“灰色收入”。长官只能是睁一只眼闭一只眼，否则，激起兵变他可是吃不了兜着走。

第二节　向洋人学习科学技术

在这样的大背景下，有一批人站出来，提出要向西方学习。而正是这股思潮，对温子绍影响深远。

在鸦片战争之前，清朝的统治者提倡程朱理学，残酷压制反清和进步思想。就算有部分有识之士，也多是成日埋首故纸堆，绝口不提政治。但由于鸦片战争的发生，让不少读书人看到了西方列强的强大，故而站了出来。

其中，就有以魏源、林则徐等人为代表的封建士大夫。他们察觉到空谈义理，无法解决现实社会问题，他们开始面对社会现实，揭露腐败现象，呼吁革除弊端，提倡经世致用，以实际情况解决实际问题，从而引发了一股向西方学习的新思潮。

林则徐在广东主持禁烟期间，开设译馆，将所得夷书就地翻译，并且还组织人编译《各国律例》和《四洲志》等书，使得广东一时海外图说毕集，成为中国人开眼看世界的窗口。

此外，林则徐还设法购买英国的大炮，并从美国商人手中购买一艘英国商船，改造成了一艘战船，接着还捐资仿制两艘欧式双桅战船。同时还收集了多种新式战船图样让工匠研制。

而魏源作为林则徐的好友，新思潮的重要代表人物之一，也做出了卓越的贡献。其中就有根据《四洲志》编写的《海国图志》，书中阐述了作者"师夷长技以制夷"的思想，对开阔人们的眼界，引导人们注意世界形势，起到了积极的作用。"师夷"并不只限于学习西方的方法来造船、造炮、养兵、练兵，还包括设译馆翻译西方著作等。在广东、福建两省举行武试时，还增设水师这个科目，授以功名。并且在广东设立造船厂、火器局，聘请法国和美国的技师与工匠向中国人传授制造和使用的种种技术，而造船厂不但可以造船造炮，还可以制造商船和民船。魏源先后写过《诗古微》《书古微》《公羊古微》等多种著述，借着阐发经书微言大义的机会，鼓吹守道变法。①

此外，还有很多介绍世界各地的书籍纷纷问世，如姚莹的《康輶纪行》和徐继畬的《瀛寰志略》等书。其中《瀛寰志略》被美籍日报盛赞，"她是因中英战争刺激而产生的成果，我们认为她将极大地摧残傲慢心态，驱散中国统治者和学究们的愚昧无知，证明他们所属的并非世上唯一的国家"。

除去介绍其他国家形势的书籍，还有不少书籍是介绍西方军器制造的书籍，而这类书籍，最得温子绍的喜欢。

当时，有识之士纷纷鼓励子弟学习西方先进的科学技术，南海县泌冲乡

① 毛屋堂：《洋务大业》，北京：中央广播电视大学出版社，2012年，第166页。

就出了一个精通光学、天文和数学的科学家邹伯奇，在这样风气的影响下，温子绍对学习西洋科技产生了憧憬，师夷长技以制夷的概念在他脑海里初步形成。[①]

温少曼[②]信中曾提及温子绍："飏园少读四书五经。其父（温承悌）甚担心，然听闻其言详览《海国图志》及《四洲志》后，顿觉欣慰。"

《海国图志》虽然只有几万余字，却是字字珠玑，详细记载了世界各地的历史政治、风土人情，主张学习西方的科学技术，具有划时代的意义。

温子绍在读《海国图志》时，也并非是全盘接收。阅其批注《海国图志》的详解，可以从中窥视一二。温子绍赞同魏源向西方学习的想法，但是也指出了一些不足："所著虽然详尽属实，但是因为缺乏经历，其中尤以船坞制造，未能详尽，是为遗憾。"

其后温子绍将此事道与父亲，其父温承悌知其确有兴趣，故而北上广州寻访名师，于船坞厂多方寻觅，虽然见不少装有蒸汽机的外国船舶，但是规模都不大。温子绍跟西洋师傅约翰学习，虽少有收获，却心生外出旅学之意。

道光十年（1830年），"反清复明"组织风起云涌，仁人将士聚众揭竿而起，由广西边陲至广州一带，包括梧州、肇庆和佛山在内的团练、市镇民团及村民组织为三合会[③]，全面起义，劫富济贫，当地官员闻之颤抖。但温家是官宦世家，历代为官，且多品性善良，体恤民意，三合会也多次行绕温

---

① 李有华、张解民：《顺德历史人物》，广东人民出版社，1991年，第275页。

② 温少曼（1919— ），顺德龙山人，温子绍的孙子。1940年在香港加入由茅盾先生创立的左翼社团"中华全国文艺界抗敌协会香港分会"，抗战后与关山月、王琦、杨秋人、陈海鹰、黄永玉等人创办"香港人间画会"，参与各项进步思想及爱国运动。现为江门李铁夫美术馆名誉馆长，被誉为硕果仅存的近现代画家。

③ 因时代久远，很多资料已缺失，本章节关于三合会的内容，除出自《顺德历史人物》《温氏光禄祠颐光堂家谱》，都是作者父亲以及各叔公的口述资料。

家府，不予冲突。[1]

起义部队在街头高声呐喊，百姓聚集，但是聚集在大军四周的多为麻木围观者。温子绍尚且年少，未曾见过如此阵仗，见到义军却挺身而出。

三合会不但秋毫无犯，还与温子绍做了朋友，其间见温子绍对他们手中火枪颇有兴趣，故而询问原因。温子绍解释之前曾经在书上见过火枪制图，不过多是明成祖（朱棣）时期的火器，他们手上的火枪倒是比之前好了不少，但和洋人的相比还是有很大差距。

关于为何与三合会来往，温子绍也在家书中进行解释，皆是因为喜欢火器洋枪，想学习其中精华，进行仿制提升。温承悌读后便知温子绍志向，既然有心洋务，倒不如直接前往西方，学习最为精髓的洋务之道，学成归来，也可抵御强敌。

① 李有华、张解民：《顺德历史人物》，广东人民出版社，1991年，第275页。

第三章

成长之路

第一节　外出游学

英国，当时因为工业革命，机械技术已攀至人类文明新高峰，古董界遗留下来的1650年的英国大钟放在今天依然美轮美奂，而中国当时对机械居然还是一无所知。

史书记载，清政府1847年派遣第一个留学生到美国留学，1872年起派遣120名幼童赴美留学。但温子绍是自费出洋旅学，自然也就没有记录了。而且他的出洋，也不算实际意义上的留学（坐学），更像是一种参观游学。但笔者觉得，这种参观考察比坐学更有实际作用。有关温子绍的残存的留学资料文字记录也甚少，仅有《龙山乡志——人物篇》语焉不详的“留意外学”字样。有人解读为：他没有留洋，只是平时留意自学。其实，这是有点片面的。综合整个历史环境来看，如果他没有出国，那么日后由中国人始创的七响连环快枪、一个洋人也没有的广东机器局，以及海东雄号炮舰，都不可能出现。而且洋学的整体概念也根本不会出现，很多事情是不可能做得到的。

资料的缺失，主要还与修史官员的意识形态有关。一直以来科技都被官方认为是“洋人巫技”，不被重视，官方志没有详细记录，也就不足为怪了。

其实，关于温子绍出洋之事，温子绍的《游记》，还有温其球的《温幼菊日记》是记录得很详细的；温少曼等辈的口述和书信来往里面，也非常明确；但可惜“文革”过后，很多资料荡然无存，只零星记录于温氏的族谱之中。

温子绍孙子温少曼在给笔者的信中多次提及：“温子绍从意大利及英国和中国香港带回来的书籍甚丰，文皆外文，皆有详尽注解，最大者能躺下一个小孩，还有‘刘二打番鬼’道具。温子绍后来自办的艺兴机器厂的机械在中华人民共和国成立前曾一直闲放在温子绍湛华园的宝砚楼新屋，后不知所终……”

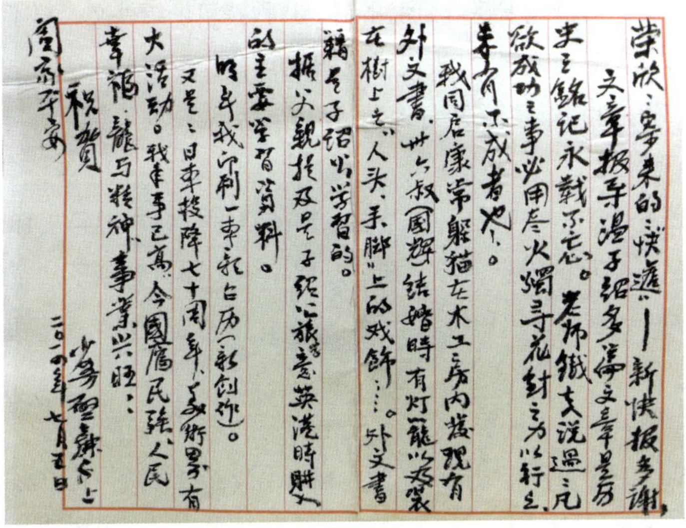
荣欣：寄来的《快递》——《新快报》多谢，
文章报导温子绍多谢文章是房
史之铭记永载不忘。老师[illegible]文说温温凡
欲成功之事必用尽火烛寻花针之力以行之，
未有不成者也。
我同启康常躲猫在木工房内发现有
外文书，廿六叔（国辉）结婚时有灯龙以及装
在树上之"人头、手脚"上的戏饰……。外文书
籍是子绍出学习的。
据父亲提及是子绍公旅居英港时期
的主要学习资料。
明年我们刊一本新台历（新创作）。
又是之日本投降七十周年，美术界有
大活动。我本事已高，今国富民强，人民
幸福，龙马精神，事业兴旺。
祝贺
阖府平安
少曼 启康 仝上
二〇一四年七月五日

温子绍孙子温少曼与本文作者温荣欣通信时介绍温子绍留洋的有关往事

笔者自小就听老一辈讲关于温子绍的故事，现在还记忆尤深。这些故事即使没有正规的出处，但出自亲历其事的温子绍的儿子之口，讲述给温子绍的孙子温少曼和温启康，年代不算久远，对还原和认识当时的历史可作为一个参考。笔者尝试将这个故事重新组织出来，以期对日后研究温子绍的学者有一定的参考意义。

话说，温子绍自行研制火药失手，引起爆炸失火，被父亲温承悌怒骂一通。温承悌觉得，与其让他任性妄为，倒不如寻一名师对他加以教导。经过多方寻访，一日，温承悌带一人见温子绍，其人金发碧眼，异于常人。后经介绍方知其乃英国人，是英国维克工厂的高级技师顾问约翰，在广东省城广州（另一说法是在香港）专责指导维修和组装英国运往中国的船舶和机械。温子绍喜出望外，谢过父亲好意，与其一道学习洋务。彼时虽然有不少富家子弟请有家庭教师，但是聘用洋人为教，实在是少之又少。在温承悌留给后人的书信中，也说到过自己这样的做法有些铤而走险，但是为了温子绍的洋务之道，只能做此决定。

约翰将英夷的机械书籍送给温子绍，并教授温子绍外文。温子绍满怀欣喜，彻夜苦读，明其道理。其间还去广州的维修工厂实地考察了一番，这一晃两年多，长进甚多。为了更好地学习深造，后来一度跟随师傅到了意大利的组装总厂学习。

其间还发生了一件事情，便是温承悌的辞世。咸丰五年（1855年）他突然得到父亲病重的消息，心急如焚赶回家中，却只看到了父亲的棺木。据闻，温承悌还在临终前留给温子绍一书，让他用心研究洋务，切勿有丝毫懈怠。

这件事情对温子绍的影响很大，他也曾在自己的书信中写道："先父突逝，如一瞬生无可恋，然则记父亲临终嘱咐，故而未曾敢一日以废洋务。"

温子绍的父亲温承悌，得承祖荫，为道光进士、丙戌翰林，官至刑部主事，以民为本，同样体恤民意，忠贞爱国、兴利除弊，因日夜为国为民操心，则刚过而立之年，便已生白发，身体清瘦，时常多思而难以入寝，后乞假归。

温承悌对温子绍影响甚大，温子绍在书信中常有记载，"若非父亲一力支持，便不能洋务"。除父亲温承悌，还有一人对温子绍的影响也很大，此人便是温子绍的母亲董一。

董一出身于官宦世家，其父亲董诰和爷爷董邦达，分别是乾隆和嘉庆年间的首辅（相当于大学士兼军机大臣的职务）。董一通晓女红刺绣，也非常识得大体，温承悌亡故后，便由她一直抚养温子绍长大。她是一个非常有见解的女人，对温子绍研习洋务一事，亦非常支持。

董一深知温子绍心中志向，若想见识真正的造船技术，广州没有办法满足，唯有留学到西洋，才能学习到当时最为先进的技术，可是要让温子绍远行，她心中多有担心。而且旅居海外，自费出洋需要一笔非常巨大的费用，温氏虽然有余钱，但要一下子拿出那么多钱，还是有些捉襟见肘。为了让温子绍习得真正的造船技术，董一最后还是决定让温子绍远行。究其原因，可以从其留给温子绍的书信中，窥见些许。"飏园（温子绍字）其壮志在四海，意在以洋务救国。然则国内鲜有精通洋务之人，故而自费出国，以洋务之道，学以坚船利炮，以御强敌。”于是，咸丰六年（1856年），温子绍成行。

董夫人与童年的温子绍

1856年，清咸丰六年。太平天国运动风起云涌，英法联军集结入侵，内忧外患，清朝之根基风雨飘摇，国将不国。其后至1860年，英法联军更是以破竹之势，入北京，闯皇宫，焚三山五园（万寿山、玉泉山、香山，清漪园、圆明园、静明园、畅春园、静宜园），屠戮大臣宫人上千人，清文宗（咸丰帝）被迫离宫去往承德避暑山庄，其势狼狈，前所未闻。

彼之中国，蒙此大劫。温子绍虽年少，但思报国，辞别母亲，在师傅的带领下，远赴欧洲，以学洋务。

清末虽时有留学生出洋，但多是在光绪宣统（20世纪初）年间，咸丰年间还是寥寥无几。温子绍此时留洋出国，很多人都不大理解。因为在当时，多是一些贫困子弟为求生路才出国。

温子绍不但家境富裕，还是官宦子弟。祖父温汝适，乾隆十九年（1754年）生于广东顺德龙山小陈涌乡下一个书香世家。他自幼聪敏好学，16岁中举，30岁成进士，并被钦点为翰林院庶吉士。他擅长诗文，字也写得极其漂亮。长期在宫廷中充任尚书房行走、侍讲、侍读一类侍臣之职。后来显露出文学以外的治国之才，引起朝廷重视，由国子监祭酒（主管太学的官）、太仆寺少卿晋升为都察院左副都御史，最后官至兵部右侍郎，是嘉庆皇帝后期的一位朝廷重臣。

温汝适为官勤谨正直、清正廉明，待人接物宽厚儒雅，在朝廷上被同僚誉为“正人”。他擅长诗文和书法，更主要的是关心国计民生，经常深入地方了解各方民情，一方面如实奏报朝廷，一方面采取切实可行的措施，对民间疾苦加以解决，深得民众的爱戴和拥护，是百姓心目中的清官、好官。根据广东巡抚祁塡《诰授光禄大夫兵部右侍郎温篔坡先生乡贤录暨分年读书谱》里记录，温汝适在尚书房当值表显示，他是道光皇帝当皇子时期的老师；根据《顺德历史人物》、《广东省志》、《龙江千年回眸》、广东省纪委的《政声人去后》记载，他也是嘉庆皇帝太子时期的老师。

温子绍在父亲在世时就将意大利作为旅居第一站。虽然工业革命起源于英国，但是意大利等欧洲诸国也于19世纪中叶纷纷完成第一次工业革命，取得翻天覆地的变化。

在温子绍的游记中，曾详细记录了自己这一路的所见所闻：“放眼望去皆是金发碧眼的洋人，他们在码头聚集，或做交易或缓缓散步，阳光打在他们的脸上，显得非常祥和安宁。码头上停靠数艘蒸汽机船，耳畔依稀可以听到轰鸣声。”①

温子绍此前曾阅览各类书籍，知瓦特改良了蒸汽技术，后人将其用在了轮船建造上，一改以前的人力驱动。此番所见还是前所未有。眼见庞然大物，温子绍突然萌生一个非常大胆的想法：他想亲自上船察看。后经船工容许，上船一看。

这次体验，让温子绍感触良多。据笔者父亲口述，其后也有记载：“蒸汽轮船比之于其他轮船，不但速度快，而且航行稳健，受风浪的影响也是极

---

① 该游记已于“文革”时被毁，笔者未能亲阅，此资料来源于老一辈族人的口述。

小，并且制作周期要比传统轮船短上三五个月。倘若不是亲眼所见，怎敢相信这世上竟然有如此巧夺天工之技艺。”①

温子绍废寝忘食地研究蒸汽轮船的原理。虽然意方肯定会有所保留，但是凭借天生的聪慧和后天专业知识的积累，他很快就明白了基本原理，然后再结合中国传统工艺，对蒸汽轮船进行取长补短，让其更加完善。其间，他还浏览了大量的天文地理知识，尤其关注科学发展方面的知识。

在海外的生活，让温子绍学会了很多，他了解了许多西方的先进科学技术，也接触了不少西方的历史政治思想。但是，此时他深深思念的祖国正面临严重的内忧外患，温子绍于海外旅居一年有余，终于踏上了回国的道路。

第二节　中止游学图洋务

鸦片战争以后，来中国经商的船只增多，为了维修船舶，列强便投资设立工厂，并且雇用了很多中国工人。到19世纪60年代，英国和美国的商人在香港、广州、上海开设大小船坞四十余家，聘用工人上万人。

而恰恰是这些工厂，孕育出了中国最早的民间资本主义萌芽。顺德一带由于邻近广州，也受到了不小的影响。温子绍回国后，见工厂林立，心中不由感慨。

而19世纪五六十年代的中国，也正在经历一场浩劫。其中最为引人注目的就是在中国南方大地上掀起了一场震惊中外的农民大起义——太平天国运动。

太平天国运动虽然失败了，但是也给清王朝带来了一次重创，使得清王朝的统治越来越无力，间接导致其最后的覆灭。在镇压太平天国运动时，华尔洋枪队在面对太平军时的压倒性优势，让曾国藩和李鸿章等人意识到了西

---

① 《温幼菊日记》。温幼菊即温子绍第五子温其球，该日记在“文革”时流失。

洋火器的威力，从此开始追求先进的枪械及其制造技术，开展了洋务运动。可以说，镇压太平天国运动是开展洋务运动的重要原因之一。

在外忧和内患的双重压力之下，中国人被迫做出改变，为了让军队拥有更强的战斗力，以及满足其他方面的需求，一场轰轰烈烈的学习西方先进技术的运动逐渐拉开了序幕。①

对外国侵略者态度的转变，不只是奕䜣一人，许多朝中大臣也一样。多次的战败让朝廷损失惨重，也让他们看清了事实：西方的科学技术是先进的，是比清朝要强大的。既然承认了人家是强大的，为了让自己变得更强，那么，最直接的办法，就是学人家的、用人家的。

这是在政府高层最先产生学习西方技术想法的一批人，虽然时间晚，幸好还是意识到了自己的不足。奕䜣、文祥和桂良等人在1861年1月的时候向咸丰皇帝递送了《统筹夷务全局折》，这便是清朝的新国策。其中在谈到清朝国势的时候，他们是这么说的："发捻交乘，心腹之害也；俄国壤地相接，有蚕食上国之志，肘腋之患也；英国志在通商，暴虐无人理，不为限制，则无以自立，肢体之患也。故灭发捻为先，治俄次之，治英又次之。"

这段话中，将太平天国和捻军视为"心腹之害"，将俄国视为"肘腋之患"，将英国视为"肢体之患"。"害"与"患"的程度不同，所处位置各异，对于清王朝的威胁也有区别，朝廷对待他们的态度便有"灭""治"之分，"灭"是无条件的，而"治"是有条件的，分先后缓急。因此，新国策对于几方势力的态度做了新的调整，并且针对外国侵略者所强加的条约义务与对外交涉的种种问题，拟定了六条章程，涉及了朝廷设立新的机构、办理关税、涉外事务相互咨询、学习外国的语言文字、及时向中央通报商情呈送报纸等。

六条章程逐步实施，近代军火工业的建立，使大清帝国的格局发生了翻

① 罗尔纲：《太平天国史》，中华书局，1991年；茅家琦、方之光 、童光华：《太平天国兴亡史》，上海人民出版社，1980年，第146—147页。

天覆地的变化。[1]

咸丰十一年（1861年）咸丰皇帝驾崩，慈禧、奕䜣掌权。此时的太平军再一次进攻上海，“上海中外会防局”正式成立，并且借助外国人的力量抵御了太平军的进攻。

这是清政府第一次首肯利用外国人的力量和技术来抵御敌人，尝到了甜头之后，越来越多的官员开始支持这一方法，洋务运动也就慢慢地开展起来了。但这个时候，清政府俨然还是英法等国的傀儡，在诸多大事上还是受制于他们。说到底，清政府虽然有了改变，但依旧是十分疲弱的。

而身在国外的温子绍，自然也知道了这些事情。温子绍出国游学的目的，本就是为了强国救民。鸦片战争的失败和太平天国运动共同促成了温子绍的这个举动。他知道中国现在弱小，所以自己的任务便是多多学习西方的技术，带到国内去，因此尽管十分思念家乡，却一直忍着没有回来。然而，英法联军都打到北京去了，还劫掠、烧毁了圆明园，清政府却一点脾气都没有。此时的温子绍坐不住了，他知道清朝现在无论如何都要马上做出改变了，于是他断然决定停止游学，即刻回到了国内。

时任军机大臣瑞麟，满洲正黄旗，因曾和温承悌同朝为官，故而与温家多有联系。董一也时常将温子绍于英国的见闻和书信说给瑞麟夫人听。久而久之，瑞麟也多有耳闻，他对温子绍有了兴趣。

瑞麟深知朝廷每每和列强交手，之所以溃败，是由于缺乏坚船利炮，武器停滞不前。故而他对温子绍信件中详细介绍的西方先进技术非常感兴趣，尤其是关于外部形状和内部构造的部分，让瑞麟看后深有感触。

温子绍一回到顺德，董一就带着他去了瑞麟府第。瑞麟听闻之后，竟然出门迎候，此举前所未有。因为瑞麟不但是军机大臣，还是正黄旗的满洲人，此时已经官拜一品大员，之前见过不少封疆大吏，都只是在府内迎接，

---

① 丁贤俊：《洋务运动史话》，社会科学文献出版社，2011年，第26—27页。

并未远迎。

对此，瑞麟也在之后的书信中做过解释，其言："温子绍堪称国士，以国士之礼待国士，何过之有？"

关于两人这次深谈，在《温幼菊日记》中有详细记录。温子绍直言传统船只虽然外表坚固，但是由于内部结构存在致命缺陷，所以只能用作普通航海，若要远行御敌则存在很大弊端。

瑞麟深知清朝海军疲软无力，导致战事节节溃败，便让温子绍具体说说他的看法。

温子绍总结这些年旅居英、意等国的见闻经验，原来在设计船舱的时候，一般都设计为长方形，这样就会导致货物在堆放时出现一定的空隙。如果改为有一定弧度的圆弧形，则可以减少这种空隙，然后就可以堆放更多的货物和武器弹药。此言点醒了瑞麟。

其后温子绍还说出进一步改进的策略：其一是改进所用教材，将原有晦涩难懂的八股文言文，简化为容易明白的白话文，并配以绘图；其二是增强对技术人员的重视，加强上下级沟通。

瑞麟又具体询问温子绍打算如何解决这两个问题，温子绍都能对答如流，让瑞麟更是喜欢。他们聊了整整三个时辰，直到夜幕降临，才勉强作罢。瑞麟见温子绍如见珍宝，其后更是要求温子绍经常到府一叙，指点府上门生食客。

第三节　完婚

温子绍游学归来后，年纪已三十有余。董一帮温子绍选了一桩婚事，认为成家之后方可立业。

婚事是董一帮忙替温子绍张罗的，因为温子绍在顺德已经小有名气，故而有不少人上门提亲，其中不乏有许多名门望族的女子，但温子绍最后选的妻子是吴代莲。

吴代莲是吴荣光的孙女，在佛山当地没有人不知道吴荣光的，其事迹也是传得沸沸扬扬，满城皆知。吴荣光是进士出身，官拜湖广总督。四十年官海起伏，却出淤泥而不染，依旧洁身自好，没有同流合污。喜欢鉴赏金石，工于书法，擅长丹青。他年轻的时候曾因为正直敢言，得罪当局，被罢免官职。其后虽然官复原职，却因为年事已高，只能回到家乡终老。可回到佛山，就听说了英军侵华的事情。

吴荣光听得此消息愤恨交加，竟然拿出自己多年珍藏的万卷书典当拍卖，将所得钱财尽数用来组织团练，抗击侵略者，奈何力量微薄，不能和英军抗衡，无力扭转朝廷的颓败，只能眼看着朝廷和英国签订丧权辱国的条约。他晚年还在病中整理书籍，想将书中精华留给后人。正因为捐出所有家产抗英，吴家家道中落，晚景凄凉，全家人只能住在破旧漏风、摇摇欲坠的宅院当中。

吴代莲虽然家境清贫，然董一未有丝毫嫌弃。董一嫁与温承悌之时，虽然两家祖上都是大官，但因为官清廉，不曾有一丝一毫的贪污，以至于就算父亲官拜宰相之位，其居住的房子还是租来的，婚礼也是异常简陋。一如吴代莲嫁与温子绍。

温子绍从母亲口中知晓了吴荣光的英雄事迹和没落之事，对吴代莲的尊重又多了一分，加之吴代莲模样出众，性格大方，又能持家，故而赞同了母亲的安排，寻了一黄道吉日，和吴代莲结为伉俪。温子绍后虽另娶旁人，但一直对吴代莲情有独钟，甚至在死后还专程停棺两年，以求和吴代莲合葬，这是后话。

温子绍婚后仍旧专心于各类书籍研究，彼时由于翻译书籍很少，他又急于了解西方先进科技，所以每每只能一边查字典一边阅读，虽然速度极慢，但每一次都可以收获很多。他将所有收获都记在一本卷宗上，平日得了空闲也会查看卷宗，将其完善。吴代莲偶有空闲，也会陪温子绍一同观看卷宗，夫唱妇随，琴瑟和谐。

第四节　再次游学

婚后温子绍提出想再次前往英吉利留学，董一和吴代莲都没有阻止，反倒是送温子绍去码头，让其欣然成行。

虽是第二次旅居海外，但收获较第一次更甚，温子绍发现自己不过10年未到欧洲，这里的变化竟是翻天覆地。彼时英吉利对外宣称日不落帝国，国力空前强盛，整片大陆上，随处可以见到工业革命的痕迹。

和第一次出洋不同，温子绍有了一个非常明确的概念，故而知道自己学习的方向。他习得洋务，正如《海国图志》所言，“师夷长技以制夷”。

他的第一站是利物浦，在游记中记载所见一条完全用蒸汽机运输的铁路运输线，从利物浦一直延伸到曼彻斯特，是当时世界上唯一一条采用蒸汽技术运输的铁路线，而且在过去的十多年间，一直在革新技术，提升速度和稳定性。蒸汽机车轰鸣而过，速度似乎比之前更有提升。而彼时中国尚未有一条自主建立的铁路。

温子绍在游记中不但记录了所见到的铁路运输，还记录了自己的不安：“倘若以中华之国力，欲追赶英吉利之工业化，不知须耗费多少载光阴，多少人力物力；而欲摆脱落后挨打之现状，又需几载几代？”

观看铁路之后，温子绍一路北上，来到英国剑桥郡的首府——剑桥，参观了当时新落成的参众两院和大学图书馆。该图书馆采用中世纪的建筑风格，虽然是新建成，但是非常有历史感。

温子绍不关心装潢气派，却心系里面的藏书，看着一本一本的藏书，他心情十分激动。虽鸦片战争之后，有不少西方著作传入中国，但是无奈数量稀缺，质量参差不齐。眼下这座图书馆里，都是他梦寐以求的藏书。温子绍捧书而读，不愿舍弃。在书中，温子绍看到了碳弧灯，一种运用发电原理制成的灯具。和传统的蜡烛油灯不同，碳弧灯是一盏运用电气燃烧的灯具，不但更亮而且更持久，只需要小小的一盏，就可以照亮一间屋子，和昏暗的煤油灯有天壤之别。

其后温子绍还参观了转炉炼钢的工厂。钢无论是硬度还是存放时间，都远胜于铁，而且可塑性极强，是蒸汽轮船的制成原料。温子绍之前对炼钢的技术也有一定的研究，可是这种转炉炼钢的技术，还是第一次见到。

英国工人见温子绍有兴趣，还专程给他进行了流程的讲解，运用该种炼钢方法可以实现钢的量产。通过将生铁放入转炉中，吹入高压空气，将生铁中的杂质吸收，就可以炼成纯度极高的钢铁。

温子绍是第一次接触这种工艺，听闻欧洲不少国家已经引入了该种炼钢方法，故而感慨颇多，不知道清廷什么时候会引入此种工艺，而只怕等到那个时候，英国已有更新的工艺问世。

其后他还参观了燧发枪的陈列展。在陈列室的大厅中，温子绍看到了在鸦片战争中使用的伯克式前装滑膛燧发枪。火枪起源于中国，大致上是在南宋时期便开始有了雏形，但是没有想到竟然在欧洲发扬光大。正是借由这种火枪，列强才打开了侵略中国的大门。温子绍认真地看着燧发枪，将所有细节一一记下。

温子绍在写给瑞麟的书信中曾经详细记录了此种燧发枪：“该种燧发枪是英吉利最为常见的攻击性武器，射程在三百米左右，射术也在三到四分钟，是中国传统的火器无法战胜的。只怕再延后三五年，还会有更为先进的工艺出现。”

其后，温子绍又参观了其他工厂，每参观一处，他都会认真记录，以为己所用。

温子绍在英国旅居了一年半，他出入图书馆查阅资料，出入工厂学习制造技术，等到回国的时候，正是治国平天下的最好年华。

温子绍从英国留学回来，将路上的见闻写入了卷宗当中。然后将自己对蒸汽机车和燧发枪的理解整理成册，再次拜访了瑞麟大人。瑞麟深知温子绍志向，也知道中英之间的差距和动荡的时局。第二次鸦片战争虽然结束，但是朝廷赔款巨大，割让土地众多。而且英国并没有感到满足，只怕稍微一休整，就会再次出手。

温子绍针对这样的情况，提出了自己的看法，该种看法被详细描述在其后为官上书给朝廷的奏折当中：“兴办洋务，提高工业化密度，培养大批洋务人才，发展军事工业。”

瑞麟听后也非常高兴，于是就让温子绍负责教授洋务事宜。一时广东不少后生投身于洋务学习当中，温子绍在顺德的名声也得到了传播，甚至连山东巡抚丁宝桢[1]也知道了他的名字，并且还亲自前往顺德进行考察。丁宝桢是洋务派的重要人物，认为中国要自强，一定要学习西方，“精求武备”，仿照外洋枪炮之巧如法制造，所以听闻温子绍精通洋务，非常有兴趣。

丁宝桢[1]奏请调温子绍许应骠到山东委用片

同治十一年十月三十日（1872.11.30）

再，练兵必先利器，制造尤贵得人。东省前因整顿水师，经臣奏明委员赴粤购制师船，并拟筹修沿海炮台，所需枪炮火器均应陆续制造，即留防军及通省各营军械亦当认真讲求，以期适用。查近来中国火器多系购自外洋，臣以为欲图自强须求诸己，若徒借资于人，终非根本之计，是以数年来，于本省及外省留心采访精谙机器之员，以为制造之用。

兹查有广东顺德县在籍候选员外郎温子绍，于天文、算学、地理、水道与其轮船及各项机器皆能细心研求，深得蕴奥，其所制枪炮火器均臻妙捷。而又有候选县丞许应骠，籍隶广东番禺县，日与温子绍苦心力学，将外洋奇巧之处尽得其传。后访闻该员温子绍，人品甚正，心地朴实，洵为现时有用之才。东省现办水师，整顿营务，相应请旨饬下两广督臣、广东抚臣，即令在籍候选员外郎温子绍，候选县丞许应骠迅速来东，交臣查看委用，以资得力。

理合附片具陈，伏乞圣鉴训示。谨奏。

同治十一年十一月十三日军机大臣奉旨：钦此。

（军机处录副奏折档）

《丁宝桢奏请调温子绍许应骠到山东委用片》，资料来自中国第一历史档案馆奏折档案 （孔繁文 提供）

丁宝桢虽然在山东为官，离广州有一定的距离，但是温子绍已经听说过丁宝桢的事迹。大约是在一年前，他以非常果断狠绝的手段，将慈禧太后身边的太监安德海正法。这个太监仗着自己颇受太后喜欢，就无法无天，为祸一方。官员或躲之避之，或刻意巴结，唯有丁宝桢不将其放在眼里，更寻

---

① 丁宝桢（1820—1886），贵州平远人，咸丰三年（1853年）考中进士，后任翰林院编修，官至四川总督，去世后加赠太子太保，谥号“文诚”。

了个机会将其捉拿，然后斩首示众。此事情轰动朝野，文武百官非常感慨，纷纷说丁宝桢正直清明，不畏权贵。温子绍听说这件事情之后，就对丁宝桢十分佩服，又听闻其生活虽然困顿，却不贪污腐败，还帮助穷人，更心生敬佩，早就想着去拜访，却没有想到他竟然到了广州。

两人就举国大事聊天交流，彼时朝廷已经有不少人倾向于学习西方洋务。且因为恭亲王不但支持洋务而且握有实权，在地方也有李鸿章、左宗棠等人支持，洋务运动如潮流一般席卷神州大地。温子绍和丁宝桢的这次对话，让后者非常满意。在1872年11月30日，丁宝桢上书奏折中可见：

> 再，练兵必先利器，制造尤贵得人。广东省前因整顿水师，经臣奏明委员赴粤购制师船，并拟筹修沿海炮台。……臣以为欲图自强须求诸己，若徒借资于人，终非根本之计，……后访闻该员温子绍，人品甚正，心地朴实，洵为现时之有用之才，……即令在籍候选员外郎温子绍，候选县丞许应骝速来东，交臣查看委用，以资得力。

第四章

参与近代广东洋务运动

中国古老的田园牧歌式的生产生活方式，在鸦片战争后逐渐被西方的坚船利炮打破。近代民族工业开始萌芽，19世纪六七十年代民族企业兴起，由于民族工业产生之初就受到本国封建主义和外国资本主义的双重压迫，民族企业的发展经历了曲折的过程，但是，民族企业的发展给中国经济带来了新的气息，也促进了近代中国近代化的进程。

民族企业一部分是中小地主、官僚、华侨等创办的，一部分是原来的部分手工工厂转化而来的。这一时期创办的企业有1866年方举赞等人的发昌机器厂、1873年陈启沅创办的继昌隆缫丝厂，还有温子绍1873年建设1874年投产的利源兴机器缫丝厂。甲午中日战争前后民族工业新开企业100余家，而且每年都在增加。民族企业就行业分布而言，主要分布在轻工业方面，比如面粉业、纺织业等，重工业比较薄弱。

近代广东得风气之先，洋务运动出现以后，对新生事物抱有极大热情的温子绍立即投身其中。

第一节　研制中国首台蒸汽缫丝机

蚕丝的主要成分是丝素和丝胶。丝素是蚕丝的主体，丝胶则是包裹在丝素外表的黏性物质。丝素不溶于水，丝胶易溶于水，而且温度越高，溶解度越大。缫丝即是利用丝素和丝胶的这一差异，经煮茧、索绪、集绪等工序把蚕丝从煮茧锅中抽引出来。缫丝出来的丝绞经络丝、并丝和加捻工序，便可制成织造所用的经、纬丝线。

中国是最早利用蚕茧抽丝的国家。河南荥阳青台村仰韶文化遗址出土的丝织物残片，从纤维来看，丝的投影宽度有三种规格，0.2毫米、0.3毫米和0.4毫米，且都为长丝，说明是用蚕茧进行多粒缫制而成，年代可追溯至距今5500年左右。这是目前发现最早的丝织物，证明在距今5000多年以前，缫丝工艺已经出现。到商代，缫丝技术已经相当成熟。水温是缫丝时非常重要的工艺参数，至宋代，人们已经总结出了缫丝时煮茧温度的控制方法。宋以后出现将煮茧与抽丝分开的“冷盆法”，这是相对于通常从煮茧锅中直接抽取茧丝的“热釜”而得名。这种方法虽然速度较慢，但质量高，明以后成为缫丝技术的主流。

目前所知最早的缫丝工具是带有“壬繭（茧）”铭文的商代青铜甗。甗是一种蒸器，下为三足，上呈锅形，中间有带孔的隔层，缫丝时正好可以将茧子挡在上面不至于沉到足袋。甗上安放木架，木架上可以同时抽两绪丝，然后将抽出的丝卷绕于丝籰上。至迟在秦汉时期，手摇缫车已经开始推广。宋代，脚踏缫车已在全国范围内普遍使用。那时的缫车与近代杭嘉湖地区保存的丝车已无大区别：有机架，用以支撑丝籰，籰靠一脚踏曲柄连杆机构带动，络绞机构使生丝的卷绕在一定的范围内来回摆动。

缫丝是丝绸生产过程中一个非常重要的工艺环节，它的出现是丝绸技术起源的关键。公元4世纪左右，中国的养蚕和缫丝技术传到日本。公元6世纪中叶又逐渐传到欧洲，此后，意、法等国才开始养蚕和缫丝。[①]

在漫长的古代，中国在大多数时间是唯一可以输出大量丝绸的国家。但目前所见的从秦汉到清初的史籍，说到外贸时通常只有记叙性、描述性的文字，没有哪种论著写了清朝以前任何一个时期丝绸出口的具体数量。人们都熟悉屈大均的名句“五丝八丝广缎好，银钱堆满十三行”，但对明末清初广东的丝绸如何生产、销售、出口，古籍并没有具体而详细的记载，即使在梁廷枏的《粤海关志》，我们也查不到丝绸出口的数量。到了清朝中叶以后，先有东印度公司的文献资料，后有近代海关的统计，学者才有可能对清代丝绸的出口做较为系统的量化研究。根据《东印度公司对华贸易编年史（1635—1834）》，1780—1833年从广州出口到欧美的蚕丝共164252担，平

---

① 刘辉：《中国古代技术发明之五·缫丝》，载《中国纪检监察报》文化周刊，2018年6月29日，第6版。

均每年3041.7担。[①]

第二次鸦片战争后，由于英法等列强需要处理内部矛盾，无暇东顾。加之沸沸扬扬的太平天国运动，又被曾国藩的湘军镇压殆尽，一时清政府“内忧外患皆无”，暂时安稳了下来。这安稳的十余年，史称“同治中兴”。而这期间，亦是洋务运动从开始到兴盛的时期。

1861年，已经掌握实权的恭亲王奕䜣上书同治帝，提出要抵抗外国侵略，“探源之策，在于自强”，从此以标榜“自强”的洋务运动登上历史舞台。其中心思想在于中学为体，西学为用。

奕䜣作为《北京条约》的主要参与大臣，和洋人的接触颇多。他在一次次和洋人打交道的过程中领悟了一些道理，认为洋人和清政府之间的矛盾是可以沟通和妥协的，甚至还可以借用一些西方先进的科学技术，来稳固清朝的疆土。于是大兴洋务，派遣留学生出洋，购买洋枪洋炮，开始筹办操练新式军队。

第二年，手握一方实权的曾国藩再次上书同治帝，提出兴办洋务“可以剿发捻，勤远略”。提出借助外国力量可以助剿、运粮，减少暂时的忧虑。而从远处看，学习外国技术，造炮造船，还可以收获永久的利益。因此，曾国藩主张购买外国船炮，访求能人巧匠，先演习，后制造，从而造出自己的武器和船只。

洋务运动得到了朝中许多大臣的支持，形成了在中央以奕䜣为首的洋务中心，地方则以李鸿章、曾国藩、左宗棠和张之洞等人领导的强大势力。他们建立兵工厂，派遣留学生出洋，建立水师军队，且四方寻找人才，积极发展洋务。

但真正作为洋务运动的中流砥柱的，是掌握实权的地方总督和巡抚官员。在洋务运动的前期，洋务派采用西方先进生产技术，创办了一批近代军

---

① 邱捷：《清代丝绸出口与“海上丝绸之路”的时间下限》，载《南方都市报》2018年1月23日，GB07版。

事工业，其中就包括曾国藩的安庆内军械所、李鸿章的江南机器制造总局、左宗棠的轮船招商局，以及崇厚的天津机器制造局。

而温子绍，正是在这样的背景下，登上历史舞台的。作为留学海外归国的洋务人才，在洋务运动兴起的初期，他就受到了广泛的关注和争抢。

此前山东巡抚丁宝桢曾经上书同治帝力荐温子绍于山东到任，并且于奏折中夸赞温子绍是“于天文、算学、地理、水道与其轮船及各项机器皆能细心研求，深得蕴奥……”，但由于两广总督瑞麟舍不得人才，而最终未能成行。

而温子绍的名气已由顺德传开，至于两广地界。有一日他收到陈澹浦的书信，邀请前往广州十三行。陈澹浦是东南沿海一带显赫一方的商人，从小对机械制作颇有研究，年轻的时候曾经在西樵创办手工坊，以制造铜纽扣发家，在那一带都非常有名气。到道光年间，他在广州十三行豆栏上街开办“联泰号”，是广州较早一批学习西方洋务的代表。温子绍见信，欣然前往。

清朝闭关锁国多年，唯独开放广州一处为通商口岸，和外国进行商贸往来，其后更是通过《南京条约》将广州作为通商口岸。由于独特的历史背景，广州拥有了中国最好的洋务和最好的工厂。只是，真正的技术都在洋人的手中。

温子绍成行前也绝对想不到，此行意义重大：他研制了一台中国人此前从未制造成功的机器，日后更是依靠这机器挽救了一个古老的行业，提供了数以万计的岗位并创造了无数的财富。

这个行业，就是中国的丝织业，而这台机器，名字叫作缫丝机。

这一切，还得从一张漂洋过海的订单说起。1873年，越南华侨富商陈启沅决定在南海简村创办继昌隆机器缫丝厂，计划以船用蒸汽为动力，自己设计缫丝机的图纸，故而特意赶到广州请联泰号厂创办者陈澹浦承担制作安装的工作。陈澹浦接下，但是唯恐一人之力不及，又得知温子绍精于机械，故而修书温子绍，邀其一同研究。

彼时中国丝织市场鱼龙混杂，随着西方先进“洋丝”的大量涌入，传统丝织行业受到了极大的冲击，眼看着这个从西汉时期兴起的行业逐渐走向衰败，众人于心不忍。温子绍协助陈澹浦及其第六子陈桃川一道研究缫丝机，废寝忘食。至第二年，乃有所获：中国历史上第一台自主研发的以蒸汽为动力的缫丝机面世，所产缫丝比传统土丝在色彩、捻度、条份、匀度、净度和装束上都优势明显，较之于英法所产缫丝也没有丝毫逊色，大受欢迎。

陈启沅看见研制成功的缫丝样板机也非常高兴，以此为基础建成举世闻名的继昌隆缫丝厂。温子绍和陈澹浦两人也同时在各自家乡建立缫丝厂。

1873年底，温子绍帮助陈澹浦、陈桃川在陈澹浦的联泰号厂制造出中国第一台蒸汽缫丝机。1874年中，温子绍把先进的机器缫丝技术带回家乡，并在龙山陈涌龙镇里温家新屋旁创办利源兴厂和粤纯兴厂，在龙江西海合办慎如轮厂等各能容纳千多人同时工作的缫丝厂，利源兴厂是顺德第一间机器缫丝厂。①

《温氏光禄祠颐光堂家谱》有载：“两龙（龙山–龙江）因而更加繁荣兴旺，更坚实奠定了两龙不认顺之辉煌及历史地位，桑蚕渔业赖以发展。”据《龙山乡志》记载，在其技术及风气带动下缫丝业一日千里，农村掀起“弃田筑塘，废稻种桑养蚕”的高潮。

晚清丝绸出口对中国社会、经济的影响，也是空前的。以广东为例，19世纪70年代，为适应生丝出口，广东出现引进外国机器、外国技术的新式缫丝厂，到清末，机器缫丝厂遍布顺德、南海，广东成为全国“使用机器工厂”数量最多的省份。丝绸出口还带动了全省的商业、手工业、金融业、服务业，时人认为丝业是“广东商业之命脉”。丝业商人积极参与筹建商人团体、开展社会救济，还投身爱国运动，是广州商界中很有实力的一个群体。在晚清，广东之所以成为早期现代化的先行省份，与丝绸出口有直接或间

---

① 摘自《温氏光禄祠颐光堂家谱》；张永锡：《龙江千年回眸》，广州出版社，2008年，第391页。

接的关系。在其他产丝的省份如浙江、江苏，丝业对本省经济的影响也很显著。[①] 由此可见，温子绍的缫丝机厂在顺德乃至整个广东都产生了极大的影响。

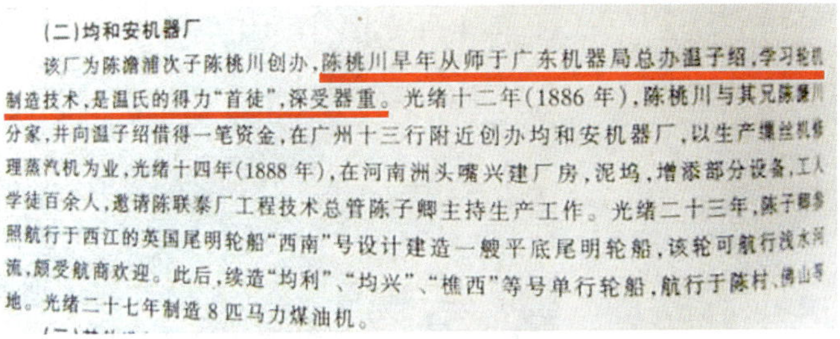
(二)均和安机器厂

该厂为陈澹浦次子陈桃川创办，陈桃川早年从师于广东机器局总办温子绍，学习轮机制造技术，是温氏的得力“首徒”，深受器重。光绪十二年(1886年)，陈桃川与其兄陈[illegible]川分家，并向温子绍借得一笔资金，在广州十三行附近创办均和安机器厂，以生产缫丝机修理蒸汽机为业，光绪十四年(1888年)，在河南洲头嘴兴建厂房，泥坞，增添部分设备，工人学徒百余人，邀请陈联泰厂工程技术总管陈子卿主持生产工作。光绪二十三年，陈子卿参照航行于西江的英国尾明轮船“西南”号设计建造一艘平底尾明轮船，该轮可航行浅水河流，颇受航商欢迎。此后，续造“均利”、“均兴”、“樵西”等号单行轮船，航行于陈村、佛山等地。光绪二十七年制造8匹马力煤油机。

均和安机器厂的文字介绍（图片资料摘自《广东省志》之《船舶工业志》）

陈澹浦邀请温子绍和他一同完成缫丝机的制造，年龄上陈澹浦当属于温子绍的长辈，但两人之间的关系，更多的还是学术互补的朋友关系。比较有说服力的一点就是陈澹浦对温子绍非常器重，还让爱子陈桃川拜温子绍为师，成为温子绍的首徒。在陈澹浦去世之后，温子绍还资助其子陈桃川开办工厂，由此更可见两人情谊深厚。[②]

温子绍建缫丝厂后，沿海一带缫丝厂如雨后春笋一般，十余年间多了十多家。虽然在规模上不及温子绍的缫丝厂，但是一律使用蒸汽技术。到1887年，顺德机器缫丝厂已达42家，占全省的90%以上，据此可以推断，温子绍对同乡或远道而来愿意学习的人，皆全力指教，未曾有一丝保留。

关于此点，也在其管家张有的日记中得到佐证。张有是温子绍管家，曾在书信中写道：“七少（温子绍排名第七，故称为七少）建缫丝厂后，不少慕名之人纷纷前往，问其技术，借其设备，七少未曾有一推托。待之后顺德

① 邱捷：《清代丝绸出口与“海上丝绸之路”的时间下限》，载《南方都市报》2018年1月23日，GB07版。

② 广东省地方志编纂委员会：《广东省志·船舶工业志》，广东人民出版社，2000年。

1874年，温子绍位于龙山龙镇里的利源兴缫丝厂正式投产（图片摘自《温氏光禄祠颐光堂家谱》）

缫丝远近驰名，七少算是功不可没的。”

中国蒸汽缫丝机的自主研制成功，彻底打破了外来资本主义意欲垄断中国丝织业的梦想，让自西汉开始闻名于世的丝织业得以传承，丝织品更是远销至东南亚沿海一带。在中国近代机械技术远远落后于西方国家的年代，能取得如此成就，也算是中国机械史上最暗淡时期中所闪烁的一缕光芒。

19世纪60年代以后，受外国人控制的海关每年都编制各个口岸的贸易报告，1891年开始，每10年还编制一份“十年报告”。在上述两种报告中，都

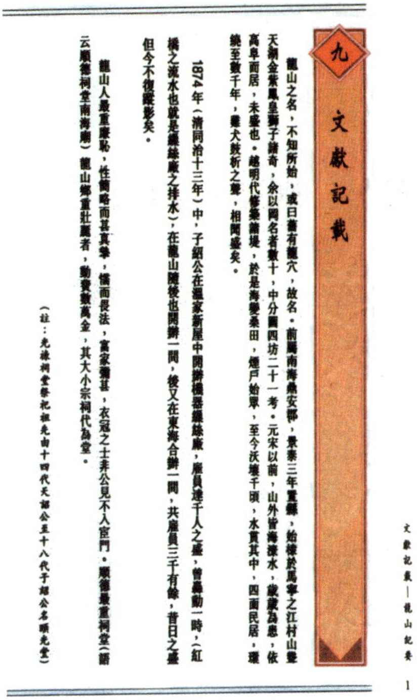

九

文獻記載

龍山之名，不知所始，或曰舊有龍穴，故名。前屬南海鼎安郡，景泰三年置縣，始隸於馬寧之江村山豐天湖金紫鳳皇獅子諸奇，余以岡名者數十，中分圖四坊二十一考。元宋以前，山外皆海潦水，歲歲為患，依高阜而居，未盛也。越明代修築諸堤，於是海變桑田，煙戶始聚，至今沃壤千頃，水貫其中，四面民居，環繞至數千年，雞犬鼓析之聲，相聞盛矣。

1874年（清同治十三年）中，子紹公在溫家新屋中開辦機器繅絲廠，雇員達千人之盛，曾轟動一時。（紅橋之流水也就是繅絲廠之排水）。在龍山隴棱也開辦一間，後又在東海合辦一間，共雇員三千有餘，昔日之盛但今不復蹤影矣。

龍山人最重廉恥，性僩略而甚真摯，儒而長法，富家彌甚，衣冠之士非公見不入宦門。順德最重祠堂（諺云順德祠堂南海廟）龍山鄉重壯麗者，動費數萬金，其大小宗祠代為堂。

（注：光祿祠堂祭祀祖先由十四代天錫公至十八代子紹公名頤光堂）

文獻記載—龍山記要　1

《温氏光禄祠颐光堂家谱》之《文献记载》摘录

有很多篇幅论述、分析丝绸出口的情况。据海关的统计，仅广东一省，清末最后十余年平均每年出口的桑蚕丝有37000余担，价值2000多万海关两（1海关两约等于1.47银元），个别年份达到2800万海关两。此外，还有其他蚕丝与丝织品，民国初年政府一份文件称广东蚕丝产品每年出口货值达到数千万元，差不多与每年广东的财政收入相当。1891—1911年，仅桑蚕丝一项，多数年份全国出口的数量都是八九万担，个别年份达到11万担；每年出口桑蚕丝的价值都在5000万海关两上下，个别年份达到六七千万海关两；再加上其他蚕丝产品，数额更

红桥——温少曼画（利源兴缫丝厂排水渠“红桥”，是龙山著名景点：红桥晚望）

加巨大。每年出口的丝绸无论数量还是价值都是鸦片战争前的一二十倍。[①]

第二节 缫丝厂历史产物——顺德自梳女

19世纪70年代以后，中国生丝在日本机制丝的冲击下，出口有所下降，在国际生丝市场的竞争力日渐削弱。70年代以前，手车“所缫之丝，异常粗劣，其价亦贱，其成本轻，起丝亦少”[②]。生丝质量粗劣，在一定程度上影响了当地的生丝出口，而生丝历来又是广东出口的大宗商品，这引起了国内外人士注目。《捷报》1873年5月3日刊文称：“中国人必须严重地意识到中国生丝在欧洲的真正地位，并且尽一切力量加以改进。”要维持中国生丝在国际市场的地位，就必须改革旧的缫丝技术，采取新式生产工具进行缫丝生产。因而，中国部分较早睁眼看世界的有识之士，在国外近代机器缫丝业优越性的影响下，把机器缫丝业的先进技术引进中国，兴办机器缫丝厂，以维护中国生丝在国际市场的地位，从而推动了中国民族机器缫丝业的发展。[③]

鸦片战争以后，顺德加速了商品性农业和工业化的进程，成为我国最早出现民族资本主义经济的地区之一，市场需求在地区经济开发中起了决定性的作用。19世纪70年代，机器缫丝工业勃兴，以蚕桑为首的经济作物大面积扩展，农村掀起“弃田筑塘，废稻树桑”的高潮。至90年代，全县机器缫丝工厂发展至100家以上，拥有6万多产业工人，超过了当时上海和天津产业工人的总和，被经济史专家指为中国民族工业发展史上“十分值得注意的现

---

① 邱捷：《清代丝绸出口与“海上丝绸之路”的时间下限》，载《南方都市报》2018年1月23日，GB07版。

② 民国《顺德县志》卷一，《舆地略·物产》。

③ 王丽娃：《近代佛山地区的机器缫丝业对女性观念的冲击》，载《广东史志》2012年第3期。

象”。第一次世界大战前后，随着国际市场丝价暴涨，顺德的蚕丝业进入鼎盛期，桑地面积占全省桑地总面积的43.2%，蚕茧年产量占全省年总产量的48.4%，规模较大的机器缫丝厂超过200家，占全省总数的80%，缫丝工人多达20余万，因此被誉为“南国丝都”。茧、丝的大量购销促进了金融业的繁荣，“一船蚕丝去，一船白银归”，最多一天运回县内七八十万银圆，货币周转量每年在1亿银圆以上。县内的银号多达40余家，广州金融界也有不少掌握在县人手上，有30%的资金靠本县流通周转，顺德于是一度成为广东的金融中枢，被美誉为“广东银行”。[①]

关于缫丝厂，尚且有一影响，是连温子绍本人都始料未及的，乃是推动了“自梳女”风气的兴盛。

“自梳女”是顺德地区一种特殊的群体，即女子长到一定年龄，将头发梳起，以示永远不婚嫁。晚清时期，随着新式机器工业的产生和不断扩大，原来就具有低程度雇佣经济地位的“自梳女”必然成为首先招揽的对象之一。随着近代商品经济的发展，对雇佣劳动需求的不断增加，促使“自梳女”之风在晚清更加炽热。因而新式机器的使用是“自梳女”风俗在晚清兴盛不衰的重要因素。而以顺德的均安和大良、南海的西樵和简村分布最为集中。

缫丝业的发展使女性有了独立工作的机会与一份独立的收入，自主性增强，“其女子皆能采桑缫丝，一日所得，多者可得七八角，小者亦三四角。……以此自给绰然有余，彼辈既有所恃，又以嫁人为人间最羞辱之事，于是遂相约不嫁，即为父母所强嫁，亦不必落家”[②]。她们可以不必像传统社会中的女性那样唯男性是从，生儿育女，遵从“妻以夫贵、母以子贵”的

① 1996年编《顺德县志·总述》。

② 胡朴安：《中华全国风俗志》（下编），河北人民出版社，1986年，第387页。

旧式伦理，对“女大当嫁”的习俗造成了强烈的冲击。[1]

缫丝厂女工（图片来自《广州日报》资料图片）

据《顺德县志》记载，“当时，顺德蚕丝业发达，许多女工收入可观，经济独立。她们看到一些姐妹出嫁后，在婆家受气，地位低微，因此不甘受此束缚，情愿终身不嫁，于是产生了自梳女”。

托普莱在研究19世纪中叶以来以顺德为中心的抗婚习俗时，曾提出一种解释，认为以“自梳女”形式出现的抗婚，乃是与此期华南机器工业（尤其是丝织业）的兴起密切相关的，后者不仅使女工逐步取得经济独立，而且加强了缫丝女工内部的团结，从而导致抗婚的兴起。[2]

在丝厂做工的女孩子一个月能挣多少钱呢？根据相关学者的研究，一个

① 王丽娃：《近代佛山地区的机器缫丝业对女性观念的冲击》，载《广东史志》2012年第3期。

② 李宁利、周玉蓉：《珠江三角洲“自梳女”兴起背景探析》，载《云南社会科学》2004年第4期。

女孩子每年大概能挣到200银圆，几乎可以支付整个家庭一年的生活费用，其收入还是很体面的。随着经济独立的未婚女子越来越多，广州乡间女子“自梳”的风气也越来越盛行了。“自梳女”在珠三角一带本就历来有之，不愿嫁人的女子只要自行梳起发髻，人们就不能再强迫她结婚了。有学者考证，“自梳”之风与古代岭南地区越族部落女子“不落夫家”的习俗颇有渊源。亏得岭南地处偏远，千年儒家文化的浸染也未使这一古风销声匿迹。①

顺德“自梳女”是旧社会女性对封建社会根深蒂固的男权主义进行的一次抗争，而温子绍的缫丝厂给她们提供了坚实的物质基础。正是因为缫丝厂让她们有了钱，从而使她们敢于争取属于自己的权利。“自梳女”在顺德兴盛了很长的一段时间，直到中华人民共和国成立后才慢慢退出历史舞台。

温子绍的缫丝厂，是近代资本主义在中国衍生的模板之一，就算已经退出了历史舞台，仍旧值得后人研究。

① 王月华：《机器让这群女人挺起腰杆》，《广州日报》2013年11月19日。

第五章

投身近代中国兵工生产

咸丰十年（1860年），广州将军瑞麟为了绥靖地方治安，加强水上巡逻力量，向英法两国购买了大小轮船6艘；同治七年（1868年），他又向法国购买兵船1艘。可是，购买外国的兵船不久，这些兵船所需的耗材——枪炮子弹要花费更多的钱。而且，轮船的蒸汽机在使用中时有损坏，每次必须运到香港的修理厂去维修，既费钱又费时，手续还特别麻烦，很不方便。因此，瑞麟和时任广东巡抚的张兆栋等人商量后决定——自办工厂。

同治八年（1869年），瑞麟和张兆栋筹集资金，在广州文明门外聚贤坊旧的常平仓附近，购买濒临南河边的10余间民铺，筹备创办广东机器局。①1873年，广东机器局正式开工兴建，委派在籍员外郎、顺德人温子绍为机器局总办，开工生产枪炮等，成为岭南第一家官办的近代军事工业企业，也是广东近代最早的兵工厂。

1874年，瑞麟病逝，朝廷任命英翰为两广总督，在英翰到任以前由广东巡抚张兆栋代理职务。张兆栋鉴于广东机器局生产规模小，于是在广州西门外增设广东军火局一所，1875年，广东军火局正式建造。最初，设在聚贤坊的广东机器局主要是生产枪炮子弹。1875年秋，新任两广总督刘坤一从英国商人手中买下了设在黄埔的柯拜、录顺和于仁三个船坞，作为广东机器局的造船厂。于是，广东机器局由洋枪制造转而兼制弹药及轮船，在当时全国22家官办军事工业中，规模仅次于江南机器制造总局、金陵机器制造局、福州船政局以及天津机器制造局4家，成为第二梯队中的领头羊。从1874年到1883年，广东机器局共制造了“海长青”等内河小轮船27艘。1886年广东机器局迁往增埗与广东军火局合并。

在总办温子绍带领下，广东机器局生产了大量的枪炮子弹与火轮船，极大地提高了广东军队的武器装备水平，开创了近代岭南军事工业的先河。

① 广东机器局，也称广东军装机器局或广州机器局，旧厂经过扩建后正式招牌更名为广东兵工总厂，也称广东机器制造局。

第一节　制造中国首支自动步枪

采用西法练兵及购买外国船炮，是洋务运动的一项重要内容，也是洋务派“自强”活动的开始。继天津之后，广东于同治元年（1862年）九月采用西法训练洋枪队。这是广东洋务运动开始的标志。接着，继北京、上海之后，广东于同治三年（1864年）五月举办洋务教育，创办广州同文馆；又于同治六年至七年（1867—1868）向英法购买火轮船7艘，供各海口及内洋近处缉捕之用。这说明，广东的洋务运动与上海、天津等地差不多是同时起步的。①

1873年，两广总督瑞麟找到温子绍，让其研制七响连环快枪，并于同年上书同治帝，将温子绍留于广州研习制造快枪。因温子绍此时与十三行打得火热，而且十三行机械齐全，瑞麟故而就命其在十三行进行研发。温子绍欣然受命，于“联泰号”开始进行七响连环枪的研制。

两次鸦片战争的失败，让不少有识之士意识到如果想要取得和西方列强抗争的胜利，就必须要革新手中的武器。彼时中国大部分的枪械都是沿袭之前的火枪，虽然也有不少是从外国购买过来的，但始终比不上西方先进。就在中国还盛行火枪的时候，西方已经流传一种名为快枪的枪械了。快枪，由于小巧灵便，很受欢迎，而且一般的快枪还能连发，在面对诸多敌人的时候也能派上不小的用场。只是可惜，当时国内并没有一把类似的快枪，所以温子绍和瑞麟都把研究的重点放在了快枪上。

瑞麟认为，鸦片战争的失利，让朝廷明白武器落后，就只能挨打，所以将洋务的重心放在了军事工业上，更是提出“师夷长技以制夷”的口号。李鸿章和曾国藩等人的兵工厂也先后建立起来。只要温子绍研发快枪成功，那么广州也将会建立一处兵工厂。

---

① 方志钦、廖伟章：《广东通史：近代上册》，广东高等教育出版社，2010年，第643—644页。

温子绍根据当时非常流行的毛瑟枪进行改进，从而研制成了七响连环快枪。毛瑟枪乃是德国人在1865年发明的，是一款采用机柄式的步枪，其主要特点是采用金属壳定装式枪弹，同时使用无烟火药。毛瑟枪由射手操作机柄，从而实现开锁、退壳、装弹和闭锁的全过程。毛瑟枪虽然方便，但是也存在一个非常致命的缺点。故而温子绍在研制快枪的时候，就决定不能单纯仿制毛瑟枪，而应该在其基础上做出改进。

据2010年1月27日《羊城晚报》的文章声称，七响连环快枪是中国自制的第一支自动步枪，这支自动步枪与单发步枪的不同之处，是枪机配备复进簧装置，在枪管下方的枪托里设置一个由护弓、托弹板、抵弹簧、退弹簧四个部件组成可储存七发子弹的弹仓，利用发射时弹壳后坐力推动枪机后退及复进，以完成抽壳、抛壳及装填下一发子弹的程序，能连续扳动枪机进行不间断的射击，直至把弹仓内装填的子弹发射完毕后，再将弹仓装满子弹，继续发射。

而且最为难得的是，七响连环快枪轻便灵活，上火药也非常简单。就算和使用毛瑟枪交手的列强进行近距离交战，也不会落于下风。虽然研发工艺复杂，但是制造工艺比较简单，可以大批量生产。

温子绍的这支自动步枪，放眼当时国际，也算是非常先进的，甚至是领先同期的国际水平。

据《百度百科》载：1866年，奥利弗温切斯特研制了一种连发枪，AK-47自动步枪称为“温切斯特步枪”。但是1866年当时的这支所谓连发枪只是能够从弹仓中接连推弹入膛而已，开锁和退壳等动作还须手动操作来完成。世界第一支真正的自动步枪是1883年由美国工程师马克沁发明的。步枪射击时，产生的火药气体除了将子弹射出枪管，同时还使枪产生后坐力。马克沁就是利用部分火药气体的动力使枪完成开锁、退壳、送弹和重新闭锁等一系列动作的，从而实现了步枪的自动连续射击，并减轻了枪支对射手撞击的后坐力。马克沁将“温切斯特步枪”进行改装和试验，终于在1883年成功地制造出世界上第一支自动步枪。

而《广州市志》记载和《羊城晚报》报道的温子绍仿制并改造成功的这支“七响连环快枪”（自动步枪），比马克沁的自动步枪早了足足10年。

七响连环枪的成功，让温子绍声名大噪。待到1873年，瑞麟创办广东机器局，便让温子绍任督办走马上任广东机器局总办之职。总办是机器局最高的领导人，曾国藩、左宗棠、张之洞等人均曾在其他机构担任过。由此可见瑞麟对温子绍的重视。

而此时的中国，虽然整体环境安宁，但仍有不少地方局势动荡，亟须借用武装进行镇压，这也是温子绍建立兵工厂的重要原因之一。

19世纪70年代以后，西方资本主义国家开始向帝国主义阶段过渡。为适应垄断资产阶级的要求，列强加紧争夺商品市场、原料产地、资本输出场所和殖民地。中国地域辽阔，便成为他们主要的争夺目标。其中中国西北、西南、东南边疆地区出现了严重危机。

这是一个不安稳的年代，面对列强的诸多刁难，因为缺乏足够的利器和关键性的胜利，中国一直都没有掌握发言权。温子绍决定用现代的枪炮，改变这一局面。

第二节　创办兵工厂

黑火药最早由中国人发明，而最早的管形火器，一般认为是南宋绍兴三年（1133年）陈规守卫德安时用巨竹制造的“火枪”，是目前所知世界上使用管形火器的最早战例。《金史》中所提到的“飞火枪”，即在普通长枪的枪头后部绑扎一个装有火药的筒（通常是纸制的），作战时点燃筒中的火药，喷出火来用以烧伤前来格斗的敌军，火药烧尽后则可同一般长枪一样格斗扎刺，这种武器类似喷火筒。另一类“火枪”就是陈规用巨竹制造的，每支用两个人扛抬发射，点燃后喷射火焰烧向敌方，这已是一种原始的管形火药火器了。

1259年，寿春府制造了发射“子窠”的“突火枪”，此枪用大竹筒制成，内装火药，还安有“子窠”，作战时点燃火药，利用火药燃烧后产生的作用力射出“子窠”。如果“子窠”就是子弹这一推测正确的话，那么这种“突火枪”可以算作近代枪炮的前身。在元代中期，这种管形火器由竹制改用金属来制造以后，被称作“铳”。

蒙古西征将火药带到阿拉伯，然后再传入西方。火炮在西方的出现，据考证应该是在1250年至1275年间在北非及西班牙的摩尔人王国中，这也是阿拉伯人将火药引进西方的旁证。阿拉伯人使用的叫作“马达发”的火器，从形态看和南宋突火枪大体类似。1325年，阿拉伯人曾使用“马达发”进攻西班牙的巴扎城。

当西方人终于来到中国沿海时，中国人开始认识到了西方火炮的厉害。中葡的第一次武装冲突“屯门之战”（1521年），按《广东通志》记载：“檄海道副使汪鋐帅兵往逐，其舶人辄鼓众逆战，数发铳击败官军。寻有献计者，请乘其骄，募善水人潜凿其底，遂沉溺，有奋出者悉擒斩之，余皆遁去，遗其铳械。”此役明军耗时八个月，多次被葡萄牙人“数发铳击败官军”。此铳就是著名的“佛朗机”，此战后为明军引进仿制。其实，明朝在弘治年间（1488—1505）已有走私海商经东南亚获得过这种武器，只不过当时没给这种武器起名，也没加以研究仿制，等战场上吃了苦头才开始认真研究起来。据胡宗宪《筹海图编》记载，佛朗机炮“以铁为之，长五六尺，巨腹长颈，腹有长孔，以小铳五个轮流贮药安于腹中，放之。铳外又以木包铁箍以防决裂。海船舷下每边置放四五个，于船舱内暗放之。他船相近，经此一弹，则船板打碎，水进船漏。以此横行海上，他国无敌……海船中之利器也。守城亦可。持以征战，则无用也”。后来，明朝兵部铸造一千多佛朗机大炮，名为“大将军”，下附木架，可高可低，发放于三边守军。“然将士不善用，迄今莫能制寇也。”

约80年后，荷兰人又来到了中国沿海，此时中西火炮技术差距更大了。明万历三十二年（1604年）七月，由韦麻郎率领的两艘荷兰巨舰及二中舟先后抵达澎湖，其时因汛防结束，明朝汛兵亦已撤走，于是荷兰人如入无人之境，在这里“伐木筑舍，为久居计”（《明史·和兰传》）。此后，荷兰海船游弋闽粤沿海，其坚巨高广日益为沿海军民所认识。福建将领朱文达说：“红夷勇鸷绝伦，战器事事精工，合闽舟师，不足撄其锋。”[①]

号称红夷大炮的荷兰火炮是明人所见到的威力最大的西洋火器。与佛朗机相比，其设计铸造更趋精密，展示了更大威力。万历三十三年（1605年）,荷人出没广东，粤人谋与澳门葡人共拒敌人。明朝从中荷实战中逐渐认识了荷兰火器。巨铳乃红夷所恃长技,“长丈有咫，能毒人于二十里外”。“二十里外”纯属夸张，不过射程惊人应该不假。

明朝后期大量引进西洋火炮时，明朝时人曾对西方火炮的技术特征和威力等与中国传统火器进行了比较。如1623年明人焦勖参考西方技术书籍编著的《火攻挈要》书序中说：“近来购得西洋大铳，精工坚利，命中致远，猛烈无比，更胜诸器百千万倍。”并详细比较了同期中西火器的技术特点。中国火器“铸造无法，其大器不过神威发熕，灭虏虎蹲，小器不过三眼快枪。此皆身短，受药不多，放弹不远，且无照准而难中的。铳塘外宽内窄，不圆不净，兼以弹不合口，发弹不迅不直，且无猛力。头重无耳，则转动不活，尾薄体轻，装药太紧，即颠倒炸裂”。

从上述观点可看出，到明朝末年，中国的火炮制造和操作技术确实已远远落在欧洲之后。此后更由于清王朝在国内安定后马放南山，不再重视火器研制，与天主教会的矛盾隔断了东西方火器理论与制造技术的交流渠道，从而使中国的火器研制业每况愈下，中外火器发展的差距越来越大。

温子绍研制的快枪引来了社会的广泛关注，以至于不少洋人看了都啧啧称道，他们无法相信，这杆快枪竟然是中国人自主研发制成的，其主体技术已与当时西方工艺差别不大，甚至还在很多细节上做出了改良。

---

① 张燮《东西洋考》卷八，《税考》。

一直关注温子绍快枪动向的两广总督瑞麟当即上书朝廷："查候选员外郎温子绍侯选县许应骢，谙习机器，实为有用之才，目前山东整顿水陆营务，自应饬令该员等前往差遣。惟温子绍在粤先经臣等札委该员购买机器，督率工匠，参酌外洋做法制造枪炮军火等件，以期精益求精。正当开办之时，未便遽易生手……"遂将温子绍留于广州并委以重任。

温子绍清楚认识到，机器局掌握不到核心技术，"平时即可，战时必毙"，中国与洋人国家开战，洋人技师绝不会帮助中国制造武器去与自己的国家开战。当时的广州，作为第一批通商口岸，和洋人接触颇多，重要工艺技术皆在洋人手中，中国民众多为劳工，根本掌握不到核心技术。温子绍任职广东兵工厂时，徒有四壁，既无机器，又无人才。在这样的逆境下，温子绍做出一个前人从未敢做的决定：不用洋人。

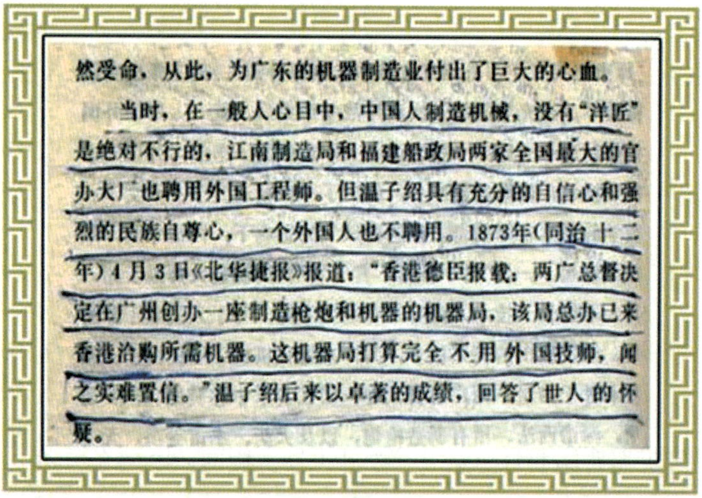

然受命，从此，为广东的机器制造业付出了巨大的心血。

当时，在一般人心目中，中国人制造机械，没有"洋匠"是绝对不行的，江南制造局和福建船政局两家全国最大的官办大厂也聘用外国工程师。但温子绍具有充分的自信心和强烈的民族自尊心，一个外国人也不聘用。1873年(同治十二年)4月3日《北华捷报》报道："香港德臣报载：两广总督决定在广州创办一座制造枪炮和机器的机器局，该局总办已来香港洽购所需机器。这机器局打算完全不用外国技师，闻之实难置信。"温子绍后来以卓著的成绩，回答了世人的怀疑。

"机器局打算完全不用外国技师"的有关记载（节选自《顺德历史人物》）

这是一个非常冒险而疯狂的决定。据同治十二年（1873年）三月初七《北华捷报》报道："香港德臣报载，两广总督已决定在广州创办一座制造枪炮和机器的机器制造局，该局总办已来香港洽购所需的机器。这机器制造局打算完全不用外国技师，闻之实难置信。”这是当时所有外界的一致看法。但温子绍后来以卓著的成绩，回答了世人的质疑。

中国虽然在此前已经有不少兵工厂，但是无一不是借助于洋人的技术开办的。以江南机器制造总局为例，早期李鸿章选任冯焌光和沈保靖为行政主管，并由上海道台（1865年时为丁日昌）加以监督，实际的机械管理方面的工作则多由洋人负责，例如早期的首席工程师霍斯（T.F.Falls）为美国人。而像温子绍这样由始至终只用中国人创办兵工厂的，在整个中国也只有广州一处。

温子绍其后也在自己的书信中承认这是一个非常大胆的举动，一旦失败他将要成为整个广东的罪人。但是他相信洋人可以做成的技术，中国人一样可以研发出来。他也经常会去香港等地进行考察和学习，将那边先进的技术用在兵工厂的创办上。

建立兵工厂不是一件容易的事情。首先是经费拮据。不像江南制造总局和福建船政局每年有朝廷的大量拨款，广东机器局所有的资金都得靠自己筹办，甚至温子绍还得从缫丝厂拿出利润补贴一部分于兵工厂。

而同期的江南机器制造总局，开设当年获投资约25万两白银的费用，早期主要经费来自淮军的军费。 1867年，曾国藩获得许可从上海海关取得百分之十的关税作为制造局的经费，1869年又提高到百分之二十，这相当于每年有至少40万两以上的经费。40万两对于广东机器局而言，绝对是一个天文数字，甚至于十余年的经费加在一起，都尚且不及。

其次是技术力量薄弱。除温子绍精通洋务，就只有首徒陈桃川和三两个局员对洋务略有了解，其他雇来的工匠全部未曾听说过洋务，甚至还有许多是新手，连洋枪洋炮都没有接触过，这就意味着要从头开始学起。

温子绍想方设法克服困难，勤勤恳恳，廉洁奉公，凡购买机器设备，都单据齐全。他还亲自向工人传授技术，并以双倍工资鼓励工人加班操作。在这样的付出下，很快就有了回报。至光绪五年（1879年），该局先后制成内河小火轮16艘。除了修船造船，还制造枪炮，质量可与进口货相媲美，深受

旧厂经扩充后，更名为广东兵工总厂（选自《羊城晚报》刊登的珍贵历史资料图片）

客户好评。

温子绍的广东机器局，在广东地区孕育了大量的专业人才，比如首徒陈桃川就甚得其真传，制造出中国首台机器缫丝机；陈桃川又教出陈拔廷、陈沛霖等机械名师，其中陈拔廷在协同和米机厂试制成功中国首台火胆柴油机。这些机械名师又培育出下一代的机械名家。据南海史料记载，光陈桃川一支传承下来的机械技术工人就达3万之众。直到现在，听说陈桃川后人也还有从事机械制造的。

第三节　技术改造

温子绍改进了钢铁铸造工艺以及为枪管加上来复线，大大提高了近代军工及武器的制造工艺和水平。

先说钢铁铸造工艺。中国早在公元前1500年左右就进入了青铜器时代，在公元前500年左右进入了铁器时代。关于钢铁铸造，已经有了2500年的历史。然而即便如此，温子绍在主持造船、造炮的时候，还是觉得困难重重。这一切，还要从钢铁铸造工艺说起。

最早最普遍的炼铁法是块炼法。在生产工艺和条件都落后的年代，人们只能够用木炭作为燃料，而木炭燃烧释放出来的热量并不高，再加上炉体比较小，鼓风设备也比较差，所以并不能达到铁的熔炼温度，只能将铁炼成海绵状的固体块。这样的铁炼制过程很耗时耗力，而且炼出来的铁质地比较软，杂质多，要经过锻打才能够成为熟铁为人所用。铁在锻打的过程中吸收了木炭中的碳，提高含碳量并且减少杂质，成为钢，后人们便有意识地增加锻打次数，使钢组织更加致密，成分更加均匀，称之为“百炼钢”。这种钢主要用作兵器，普通人是用不上的。①

在西汉中后期时出现了炒钢法，这种冶炼技术是在生铁冶铸技术的基础上发展而来的。基本的方法，便是将生铁加热成固液共存的状态，然后加入铁矿的粉末并且不断搅拌。如此一来，铁矿粉和空气中的氧便会去除掉生铁中的碳含量，降低杂质，直接转换成钢。并且由于其需要不断地搅拌钢水，因此被形象地称为“炒钢”。炒钢法和百炼钢法各有千秋，炒钢不像百炼钢那样费工费时，冶炼过程比较轻松快捷，但是炒钢法的工艺十分复杂，难以掌握。

随后又出现了灌钢法。在17世纪坩埚炼钢法发明之前，世界各国的工人大多都采用熟铁低温冶炼的办法。然而这种办法的缺点在于，熟铁不容易熔化，铁和杂质不能够迅速分离，碳分子也不容易渗进去。不过，北齐著名冶金家綦毋怀文解决了这个问题。他创造性地将生铁和熟铁一起加热，使得熔化的生铁可以灌入疏松的熟铁之中去，一来可以控制碳的含量，二来可以直接使铁和渣分离。如此一来，便使得钢的产量和质量大大提高。也正是因为

---

① 北京科技大学冶金与材料史研究所：《冶金历史文化丛书·铸铁中国》，冶金工业出版社，2011年，第23页。

如此，隋唐以后的工业生产力才能够大幅度提高。[①]

后来灌钢法又不断发展，在宋朝的时候，人们将生铁片放在盘绕的熟铁条中间，密封起炼钢炉进行烧炼，效果更好。明代以后，人们又将生铁片盖在捆住的熟铁片上，使得生铁铁水可以更均匀地渗透进熟铁之中。并且也不将炼钢炉密封了，而是用草鞋沾满泥塞住盖炉口，空气得以少量进入，铁可以从空气中得到泥而更加容易熔化，冶炼效率进一步提高。

到了明朝中期，灌钢法又进一步发展成苏钢法。苏钢法指的是将熟铁放在炼钢炉里面，而将生铁放在炉口，当温度升高到1300摄氏度左右时，生铁便会开始熔化，此时便架着生铁板左右抖动，并且不断翻动，通过这种方法让生铁滴落在熟铁板上。这种方法既可以产生很好的渗碳作用，又能产生剧烈的氧化作用，使铁和渣分离，生产出成分均匀而且纯度很高的钢材。

生铁作为渗碳剂，熔化以后温度很高，加快了向熟铁之中渗碳的速度，缩短了冶炼的时间，提高了生产率；熟铁因为碳的渗入而变成了钢，生铁由于失去了碳也能够转化成钢，如此便提高了钢的产量。在高温之下，生铁之中的碳、硅、锰等与熟铁中的氧化物夹杂发生反应，去除杂质，使钢的纯度更高，品质更好。最重要的是，苏钢法的操作简单，容易掌握，想要得到不同含碳量的钢，只要确定好生铁和熟铁的比例，便能够很轻松地冶炼出来。[②]

可是，苏钢法好归好，也有两个很严重的问题：首先，当时的工厂设备落后，大部分的流程都需要人力完成，其他的还好说，可是苏钢法要求工人在生铁熔化的时候夹着铁片不断旋转抖动，让铁水滴落。生铁熔化的温度高达1300摄氏度，尽管用长柄夹子操作，但这段距离还是会让人难受，温子绍自己也体验过，差点被热晕过去。

---

① 北京科技大学冶金与材料史研究所：《冶金历史文化丛书·铸铁中国》，冶金工业出版社，2011年，第31页。

② 北京科技大学冶金与材料史研究所：《冶金历史文化丛书·铸铁中国》，冶金工业出版社，2011年，第45页。

其次，生铁水滴落在铁板上虽然是利用了地球重力让铁板上下都渗碳均匀，可是生铁水本身并不是一个很好的渗碳剂，效率并不高，造出来的钢含碳量通常都偏低，会比较脆。[①]

如果造个子弹什么的还好，脆就脆，反正已经打进敌人身体里去了，可是要造船、炮，那就绝对不行了。船舶要承受海水的压力、水流的冲刷，以及在水里撞到杂物的可能性，而炮管要将炮弹打出去，是要不停地承受火药爆炸的冲击力的，如果裂了，损失一挺炮还好说，炸伤了操作炮的士兵就麻烦了。

因此，为了得到大量的优质钢材，温子绍决定更新机器厂的铸造工艺，他想起了早年游学英国时看到的转炉炼钢法，不仅能够得到大量的优质钢铁，而且能够保护工人。可是，他马上就发现这个方法面临着不少考验。

首先是炉具问题。之前工人一直使用的都是苏钢法，工厂所有工具都是用于苏钢法的，要转换成转炉炼钢法的话就需要购置全套的炼钢设施，而且为了满足生产需要，购买的数量还不能少。而中国目前是没有这种炼钢法的，更何况是生产设施呢？所以，只能从国外购置。这可是一大笔资金，而且炼钢设施极为沉重，只能从水路运来。要在生产初期就投入那么多资金，还要等很久才能够得到新的设施，这实在是让温子绍有些为难。[②]

其次是铸造工艺问题。工人们只会苏钢法，不会转炉炼钢法，温子绍虽然对转炉炼钢很了解，但是毕竟没有实践过，就算得到了炉具，要学会、掌握转炉炼钢，又需要一定的时间。

然而，温子绍又不愿意使用不好的钢铁来修补船舶，制造大炮。深思熟虑之后，温子绍做出了一个大胆的决定：派出几名工人，去海外学习转炉炼钢工业技术，参观炼钢厂，想方设法记住炼钢炉的样式，摸清内部构造，记

---

① 北京科技大学冶金与材料史研究所：《冶金历史文化丛书·铸铁中国》，冶金工业出版社，2011年，第56页。

② 丁贤俊：《洋务运动史话》，社会科学文献出版社，2011年，第67—68页。

住工人的操作流程，然后将这一切装在脑子里带回来。

他将工人召集起来说这件事的时候，工人都很不理解。工人嘛，每一分钱都是靠汗水换来的，他们十分不理解为什么要去看别人是怎么炼钢的，对于他们来说，能够在工厂上班赚钱就已经够了，何必要离家千万里，去一个没人说中国话的地方看人家炼钢？

温子绍意识到这是工人不理解知识的重要性造成的，于是他又宣布了一件事——工人可以让自己的孩子去学习，他会在接下来的几年内负责他们的学费并且为他们安排工作。[1]

谁不希望自己的孩子能够多长一些见识呢？尽管大部分工人都不想让自己的孩子离家太远，但还是有一部分人愿意这么干。于是温子绍马上得到了一批兴致勃勃的年轻人，为他们雇用了向导和翻译，让他们出国。

把人运出去再运回来，耗费的时间和资金大大多于购买设备所花费的。在等待期间，温子绍也尝试着自己做了几套小型的转炉，虽然都失败了，但是也使将来的制造少走了不少弯路。

而来复线工艺也是温子绍采取的一个重要举措。火器将冷兵器逐出了历史舞台，面对手持刀枪棍棒的敌人，一轮齐射就可以让他们死伤无数。然而双方都持有火器的时候，要比的就是射程、装填速度和精确性了。当时的枪支制造工艺，虽然威力也像模像样，但是射程短、精度差，火枪方阵都有可能被骑兵冲垮。兵工厂可以造枪，但是要造出更好的枪，那就要先解决这几个问题。

而来复线的使用就可以解决这几个问题。所谓来复线，是在枪管内部刻有数条螺旋的线，子弹在枪管内前进的过程中在来复线的影响下产生自转，在出膛以后还会保持这个自转，产生陀螺仪一样的稳定效果，能够更好地抵御外界干扰，飞得更远，而且不容易发生偏移。

---

① 丁贤俊：《洋务运动史话》，社会科学文献出版社，2011年，第68—69页。

但来复线的精度要求实在是太高了，必须根据子弹的形状、重量、火药当量和枪管长度来确定密度和旋转次数等，稍有偏差，就会对子弹产生负面影响，严重的还会让子弹出膛以后翻跟头。因此，来复线虽然在15世纪就有使用的记录，但是一直到了19世纪，生产工艺大幅度提升之后才开始普及。[①]

温子绍在英国的时候特地学习过来复线的制造技术，对各种来复线都有一定的了解。但七响连环枪是温子绍自己研制出来的，枪支和子弹规格都是新的，并没有现成的数据可以套用。于是他制作了一些刀具，又拿来了一批枪支和子弹，每天闲暇的时候就躲在办公室里反复给枪管刻画来复线。

摸索来复线并不如温子绍想象的那么简单。温子绍必须将枪支拆开，刻画上来复线，装上枪，再进行多次射击测试，跑过去检查结果，然后才算结束了一次尝试。他根据学到的知识，用公式计算出了来复线的大致参数，可要将这个参数还原出来，难度也不小。一个枪管里有好几条来复线，每一条来复线都需要用刀具刻二十多下，还必须轻重适中，才能够保持整体均匀。工人们不懂来复线，温子绍只能自己来，要握着枪管不断重复这种工作，虽然不是重体力活，但是也让他十分疲累。而且温子绍用的不是专业的来复线刀具，每次制作完之后，只能凭借感觉记个大概，如果确实提升了射击距离和准确性，那么便依据方才的感觉再次尝试——不过大多数情况下都是失败的。

有一次，温子绍意外地刻出了一组十分不错的来复线，可是再刻的时候就刻不出那种感觉了，于是只能重新来。两天之后，他又刻出了几组相当不错的来复线，他觉得差不多了，便让工人小心地将这些枪管切开，仔细测量之后，根据这些来复线的数据，制作了几套多点拉削刀具。[②]

所谓多点拉削，便是在一个钢棒上套一个圆环，圆环上有一些凸起的

---

① 卢宇飞、杨桂生：《炼铁技术》，冶金工业出版社，2010年，第21、62页。

② 丁贤俊：《洋务运动史话》，社会科学文献出版社，2011年，第67—69页。

点，圆环的外径比枪管略小，凸出的点正好是来复线适合的深度；在操纵时，工人先将钢棒的一端穿过枪管，再拉着钢棒让套在上面的圆环通过枪管并且旋转，在这个过程中，凸点便会在枪管内壁上刮出弧线。一套多点拉削刀具分很多圆环，每一个圆环上面的点都不一样，按大小顺序依次更换不同的圆环进行拉削，就可以得到一组来复线了。

温子绍刻出的那些枪管，每一根都制作了一套刀具，并且用他们做出了很多的枪支，进行了大量的射击测试，最终从综合成绩里选出了一套刀具，进行倒模量产。

从此，广东机器局出产的七响连环枪，威名便传遍了各地，别的兵工厂也纷纷购买回去研究，甚至派人专程来向温子绍学习，而温子绍也毫不保留地教授，甚至送了几套刀具给他们。[①]

这时，派去英国学习的那些年轻人也回来了。他们将所观察到的一切都告诉了温子绍，而温子绍经过多次尝试，也成功地制作了一套转炉炼铁的设备。

此后，工厂出产的钢越来越好，工人的技术也越来越成熟。温子绍研制的七响连环枪，在他的努力下，越来越耐用，精度越来越高，一度成为各地军队争相购买的武器。

不只如此，随着钢材品质的提升，工厂生产的火炮等用钢量大的器械，质量也越来越好。送到兵工厂进行修补的船舶，甚至比原来的还要耐用，工厂也因此吸纳了不少资金。虽然广东机器局一直都不是上级的工作重点，所获资金支持也非常少，但还是保持着稳定的运作。[②]

---

① 卢宇飞、杨桂生：《炼铁技术》，冶金工业出版社，2010年；丁贤俊：《洋务运动史话》，社会科学文献出版社，2011年，第70页。

② 卢宇飞、杨桂生：《炼铁技术》，冶金工业出版社，2010年；丁贤俊：《洋务运动史话》，社会科学文献出版社，2011年，第71—72页。

第四节　朝廷嘉奖

随着广东机器局逐渐步入正轨，温子绍也得到了朝廷的不少嘉奖：

随后查有在籍候选员外郎温子绍等精于机器，即于省城设立军装机器局一所，委派该绅等在局经理。于同治十二年兴工，自开局以来，购置车床、刨床各项器具，将应用枪炮火药，均仿外洋造法陆续试办。……臣等与各司道不时前往查看，洵属工作精良，卓有成效。

——两广总督瑞麟、广东巡抚张兆栋奏设机器局片

再，查广东为滨海要区，必得轮船驾驶，……经奏明委派在籍绅士花翎候选员外郎加捐三品衔，江苏试用道员温子绍经理，迄今数年。该绅资性聪明，深谙西法，所有制造枪炮以及火箭、水雷等项无不合用。其格林炮一项灵巧不让外洋，而价值则减大半。是以直隶各省纷纷来粤购买。……每遇放款不敷，自行在外垫借接济，俾无废事，其公忠尤可嘉，宜乎名闻遐迩。山东、江苏、云贵、越南等处争欲罗致也。

……今温子绍办理粤东机器局著有成效，且其人亦系国家有用之才，堪备任使。可否仰恳天恩赏给二品顶戴，以昭激劝之处，出自逾格鸿施。

——两广总督刘坤一光绪五年四月初六奏请奖励温子绍片

在温子绍担任广东机器局总办期间，还有一件事情对他影响甚大，便是中法战争。

19世纪70年代，法国侵略者向越南北部发动进攻，攻占河内等地。越

南邀请活动在中国边境一带的刘永福黑旗军①进行南下抗击。黑旗军痛击法国侵略者，收复河内。其后黑旗军更是驻守红河上游，成为阻止法国侵略者由红河入侵中国的屏障。但是由于其后法国侵略者卷土重来，清朝当局采取“不可衅自我开”的妥协退让方针，导致援助越南的清军一度处于被动局面。1885年初，法国占领谅山，北犯镇南关，广西告急。在形势危急时刻，清政府起用老将冯子材镇守广西边境。法军分路进攻镇南关，冯子材率领清军奋勇杀敌，大败法军，收复谅山等地。

这是中国近代史上非常难得的一次胜利。而不少参战军队使用的兵器就来自各大兵工厂，包括广州兵工厂。中国军队的节节胜利，粉碎了法国侵略者利用越南为基地进攻中国的狂妄计划。

第五节　自费制造中国首艘炮船

明朝政府推行海禁政策，这在一定程度上限制了造船业的发展，但靠海为生的沿海民众，依旧铤而走险，强行出海。不少富商大贾、地方豪强也勾通官吏，自造商船，私自出海。隆庆以后，“通海者十倍于昔”，造船业发展更快。

航海风急浪大，加上航线漫长，故海船造船技术要求特别高。广船与江南沙船、浙江疍船的结构各有不同，而与福船颇为相似，两者都是“底圆而高，下有大木三段，贴于船底，名曰龙骨”，转弯趋避，较为灵便。所以，广船与福船便于航行在山礁丛杂的南洋航线上。但是，福船多用松杉木，广船多用铁力木。铁力木具有柔性和耐水的特点，比较坚固，能抵挡大

---

① 刘永福原本是以反清复明为宗旨的民间秘密组织的领导人之一，他率领的队伍以七星黑旗为战旗，故称为黑旗军。太平天国革命时期，黑旗军活跃于粤桂一带，太平天国运动失败后转而入中越边境一带。

风浪。屈大均《广东新语·舟语》记:“盖下海风涛多险，其船厚重，多以铁力木为之。船底从一木以为梁，而舱艎横数木以为担，有梁担则骨干坚强，食水可深，风涛不能掀簸，任载重大，故曰铁船。”广船容积也超过福船。嘉靖年间，东莞的乌尾，可载三四千石，新会的横江可载七八百石或一二千石。而福船大者只可载二三千石，中等的只可载七八百石或一千石。故《明史》卷九十二《兵志》记:“广东船，铁栗木为之，视福船尤巨而坚。”①

明代广东战船武器装备精良，船上可发佛朗机炮、铳炮、鸟枪，可掷火球。顾炎武对火器的应用有记载:“我师之炮大者不过二三千斤，势不如贼，所幸者兵丁施放较贼精熟，唯须多备铁钉，参差束缚，大如炮口，令于近贼时入炮，施放，一发可伤数十人。”“今法用火罐喷筒为良。查贼船火罐受药五六斤，喷筒大径四寸余，长八九尺。我师火罐受药不过二三斤，喷筒大不过径寸，长不过二三尺，何以胜贼?应请制造亦如贼式。罐筒之中加辣椒、川乌、斑蝥虫等末，毒烟所到，贼已昏倒。唯制造须密，勿使泄漏。更有火桶、火斗二物，受药愈多，火焰愈烈，令多为预备，于迫近贼船时，携上头桅奋力遥掷，其抛掷火罐亦须上桅方能及远。三者之用，死生胜败决于须臾。”②此种战船，不仅配置了外国先进武器，而且应用了原始的化学武器。

清初，因对付台湾郑氏和南明遗民的抗清斗争，广东开始大批制造双桅出海战船。顺治七年（1650年）三月，总兵许尔显督造并修大小战船229艘。道光《广东通志》记，康熙前广东官方所设的内河船“座站”“快小粮差”等船已有226只，康熙三年（1664年）造河船130只，四年（1665年）造河船98只，十八年（1679年）广东省内已共设内河船454只。这是官方拥有、咨部有

① 方志钦、蒋祖缘:《广东通史:古代下册》，广东高等教育出版社，2007年，第436—437页。

② 方志钦、蒋祖缘:《广东通史:古代下册》，广东高等教育出版社，2007年，第443页。

案记录的内河船数据。至于外海战船，广东省原设137只，有缯船、艍船、拖风船、艕仔船、乌艔船、哨船等种类。这些数目在一定程度上反映了康熙年间的造船能力已颇具规模。为稳定海防，使航道无阻，广东政府迫切需要发展和强化水师船队，官办船业不断改进和发展。

雍正三年（1725年）广东政府设立河南（广府厂）、庵埠（潮州府厂）、海口（琼州府厂）、芷蓼（高州府厂）四厂。这四大船厂是广东省官营造船业的支柱，体现了广东造船的最高水平。除四大船厂还有运司厂。这五个船厂承担起全省战船的修造任务，其管理体制各不相同。"运厂承修者由运司饬委丞倅牧令等员，会同承修厂员之广粮、通判确验办理。广州府厂则由藩司饬委丞倅牧令等员，会同广州府确验。至琼州、潮州、高州各厂则由该管巡道选委妥员会同厂员确认，造册估报咨部修竣，一同出结需用式料银数。"[①]可见运司厂与广府船厂的级别要高于其他三厂。

清代处在海外交通日益兴旺的时期，因而造船技术较有创新与发展。清代广船比明代更为进步，船型首尖体长，吃水深，梁拱小，甲板脊弧不高，抗风浪，行驶平稳。船体结构采用龙骨和大欖做支撑，加上密距肋骨与舱板构成紧密的骨架，以榫合法形成牢固的结构。造船用材多铁力木、荔枝木、樟木、乌婪木。广船舵板上开有成排的菱形小孔，操舵省力，转摆灵巧。大型的广船，中桅和前桅均向前倾，悬布质硬帆，篷杆疏而粗，也有一部分用席篷。广船船身长度与桅高、帆高宽的比例设计合理，最大限度地保障了船只重心与稳心之间的最佳距离，确保航行稳定。此外，在一般中小型船上都备有橹和桨。清代广船把中国造船的技术水平推向了新的高度，诚如郝玉麟所说："我朝双篷艍船、缯船、赶缯船、小白艕、哨船等类，其制度之精，

---

① 方志钦、蒋祖缘：《广东通史：古代下册》，广东高等教育出版社，2007年，第949—950页。

运用之巧，所谓以船为车，以楫为马……”①

但是必须特别指出，直到鸦片战争前，包括广东在内的造船业远远落后于西方国家的造船业，这主要表现在不仅没有轮船，连海上木帆船也比不上西方的海上木帆船——夹板船。②

甲午战争前，广东水师仅有大小各种新式兵船50多艘，约15200吨，多为木质或铁骨木质的小兵船，一直未曾组建舰队，是当时沿海各地的舰队、水师中最弱的一支。③

温子绍做第一任总办的广东机器局，从买机器到布置厂房都由温子绍一人所办，连当时香港的《德臣报》也说闻所未闻，实难相信。随着广东机器局逐渐步入正轨，广东也成为中国洋务基地的前沿。温子绍本以为自己的使命已经基本上完成，可是没有想到很快就迎来又一个巨大的挑战——建造蚊炮船。

其实，自鸦片战争之后，就有不少中国的有识之士意识到，在和西方列强交手的时候，中国的海防存在很大的缺陷。魏源曾在《海国图志》一书中详细记载。而且每次西方入侵，走的都是海上路线。如果想要止住西方入侵的脚步，中国就必须有一流的海防，否则仍旧无法改变落后就要挨打的事实。

故其后无论是两广地区，还是全国，都陆续有官员聘请洋人制造小火轮和内陆小炮船。虽然规模不是很大，但毕竟是中国迈出的非常不容易的一步。其中在1842年，广东绅士潘世荣就雇用洋人造小火船一只，但是出海不方便，不能驾驶出海。其后又有易长华再次尝试，虽然解决了出海问题，但仍旧不能远行御敌。

温子绍自从主管机器局以来，一直想制造出合适的炮船，用以防备御

---

① 方志钦、蒋祖缘：《广东通史：古代下册》，广东高等教育出版社，2007年，第955—956页。

② 方志钦、蒋祖缘：《广东通史：古代下册》，广东高等教育出版社，2007年，第958页。

③ 方志钦、廖伟章：《广东通史：近代上册》，广东高等教育出版社，2010年，第644页。

敌。他从小就对船只建造非常感兴趣，所以平日里收集了不少关于这方面的资料。温子绍将鸦片战争失败的原因，归咎于海防不足。第二次鸦片战争也是从海上过来。中国的航海尚且处在起步阶段，根本就不是西方列强的对手。毕竟他们从大航海时代，就开始研究船只了。这可是数百年的差距。

而彼时在英国流行的炮船是伦道尔式炮船，也就是通常意义上的蚊炮船。伦道尔炮船是一种小型的炮船，是由英国著名的轮船公司阿姆斯特朗公司建造的，排水量只有200吨，外形又短又粗，形状像个棒槌，而且航速也很慢。但是有一门9英寸的前膛巨炮安在舰首，虽然模样丑陋，却非常厉害，堪称是海上的浮动炮台；用来防守海上要塞，造价最为便宜，是近海防御的利器。

伦道尔式炮船在新建之初虽然存在一些问题，但经过一段时间的改进，已经修缮了不少初期存在的问题，当时的伦道尔式炮船堪称最为新锐的炮舰，代表了世界一流的技术和水平，是未来战舰的发展方向。在英法等国已经有不少服役的伦道尔式炮船，中国方面竟然还没有一艘蚊炮船。

其实中国方面也打算花费精力进行研究，据载，1876年（清光绪元年）9月17日，在深谙世界舰船发展潮流的英国技术人员指导下，以洋人技师主理的江南制造局曾下水了一艘奇怪的小军舰“金瓯”号，它的基本船型是参照了当时英国新锐的伦道尔式炮艇，采用全铁制结构铆合而成。排水量195吨，舰身长31.7米（105英尺），宽6.2米（20.4英尺），吃水2.06米（6.75英尺）。在随后的使用过程中，一系列问题开始暴露出来：船小炮大，操纵性能差；干舷太低，航海性能极为低劣；炮位布置不当。这样一艘极其低劣的军舰，就如中国近代史上许多不经意闪现的火花一样，很快就消失在尘封的记忆中，了无痕迹。根据后来的资料记载：1914年中华民国安徽省拆毁了一艘废弃的水巡船，这条船有一个尖锐的舰首和一门大而不相称的火炮。

金瓯号的建成非但没有使江南制造总局的造船业务取得更为长

足的进步，相反，预想中的铁甲舰项目也没有如期开展。沪局的造船业务却面临着自开办以来最大的一次生存危机。

——《中国近代海防》(1)——《梦回江南：中国造军舰的起步》

金瓯号的失败，让不少朝中的大臣非常失望，于是也不再研制伦道尔式炮船，而是直接向外国进行购买，算上运费，平均一条船的造价在十五万两白银左右。李鸿章依仗江南制造局资金丰厚，故而直接购入了两艘蚊炮船。

虽然十五万两白银是一个天文数字，但是据李鸿章日后的回忆录记载：虽然从外国购置花费甚多，但是倘若交给中国人自己制造，则不知道要耗费多少精力和时间，倒不如直接买一艘来得方便，还可以早些用于海防，以御外敌。

两广总督刘坤一也清楚广州一定要有蚊炮船，这样在近海作战的时候，才不至于落于下风。但是如此巨额的购入费用，又让他觉得非常不划算，于是他找到温子绍，要求他根据蚊炮船的基本特性，再造一艘。

虽然蚊炮船并不是特别大，但是里面的布局非常复杂，所以就算是仿造，也需要一笔不小的开支。刘坤一找到温子绍之后，温子绍就大致进行了一下核算，需要五万两左右的白银。

这当然是一笔不小的花费，但是比之于直接购买的十五万两白银，还是少了不少。不过刘坤一看到温子绍的报价之后，还是非常为难。因为一直以来，广东机器局的经费就不是很多，温子绍想必也是清楚的。除掉一部分朝廷补给，温子绍甚至每年都还需要让当地的乡绅捐款，而他自己也要经常大额垫付。

温子绍也知道兵工厂的难处，但蚊炮船是一定要有的。于是温子绍决定自费出资建造蚊炮船，建成后就捐给广州水师，用作抵御外来入侵。此举让刘坤一非常感动。

此后刘坤一于光绪五年（1879年）十二月初四给光绪皇帝上书的一份

《筹备蚊船以固海防折》里说："此项蚊子船如往外洋购造，必须一两年方可到粤，倘购造三四号，恐一两年尚不能到齐。粤省现无大号兵轮可以守口，若旷岁需时，实属缓不济急。且外洋工料价值甚昂，加以重洋保险之费，以及外洋拨派弁兵并驾驶来华薪粮，并遣回国盘川，并记每号约在十五六万金内外。"言下之意是蚊炮船从外置办过于昂贵，倒不如自行制造。

不过因为不大清楚实物，所以温子绍还需要去参观一下蚊炮船。朝廷已经同意恭亲王增购蚊炮船的奏章，并且指令相关各省自主筹集资金，认真进行办理。已经有不少省份认购了蚊炮船，其中就包括山东，而此外江南制造总局也将引入数艘蚊炮船。刘坤一和温子绍约定，待到船只途经香港的时候，可以让他上甲板看实物。

温子绍当时在珠江沿岸参观的蚊炮船，是清廷采购蚊炮船中的典型代表，各项参数都基本上与国外水平保持一致。这艘蚊炮船的排水量在440吨左右，长38.1米，宽8.84米，吃水3米。动力系统则采用2台蒸汽机、2台燃煤锅炉，双轴推进，功率达到455匹马力，航速10节，武器装备也和之前的蚊子船大同小异，是一艘非常标准的蚊炮船。温子绍将其基本特性一一记下。参观者中有不少人问刘坤一，广州什么时候认购蚊炮船，刘坤一都是笑而不答，并没有给出一个明确的答复。

等到参观结束后，温子绍就开始着手于蚊炮船的建造。由于之前在广州的兵工厂规模过小，没有足够的地方研制蚊炮船，所以温子绍将研制的地点改在了广东黄埔船坞。广东黄埔船坞本是英国人创建，其后被中国商人收购。有一号坞和二号坞，其中一号坞分为两区，可以修5000吨的船；二号坞可修3000吨的船。

在这里，温子绍即将创造一个中国船坞史上的奇迹。

他花了大半年的时间，系统研究了蚊炮船的大体特性，终于有了一个具体的雏形。在这年的冬天，广东先斩后奏，批准完全由广东机器局总办温子绍个人捐款和设计，在广东黄埔船坞自行仿造一艘蚊炮船，这艘船就是后来命名为"海东雄"的炮舰。

海东雄号炮舰在设计上参考了北洋水师购买的镇北号蚊炮船，排水量与其相同，为430吨，舰长也一致，同为38.1米，船宽略微增加，为9.14米，吃水2.41米，动力系统采用复合式蒸汽机，航速7.5节。船头装备11英寸口径后膛炮一门，另外配备2门2.75英寸后膛副炮，全舰造价仅为3.39万两白银，不足当时从外洋购买的四分之一。

海东雄号炮舰具备了蚊炮船的基本特质，并且针对广东海域还做出了一系列的改进。比如，船身不采用一般蚊炮船的木壳船体全部包裹铁皮的做法，而是直接采用密度极高的木料制造的厚实的纯木壳，只在部分重要部位用铁板装甲。这样可以避免因为长期下水导致的锈蚀，可以延长使用寿命，而且在一定程度上，也能减少一部分的费用，降低成本。温子绍还考虑到，通过这样的方法减轻船本身的重量，可使得航行速度更为便捷平稳。

此外，由于蚊炮船本身是前膛炮，装填不方便，而且不够灵活，机动性也不是很好。温子绍当初说要改进蚊炮船的时候，主要是因为发现了蚊炮船的这一弱点，于是将前膛炮改成后膛炮。使用后膛炮的蚊子船，不但填充更加方便，而且减轻了重量，增加了船的稳定性，降低了发射时的后坐力。整艘蚊子船的造价仅为3.39万两白银，不但低于从外国购买的蚊炮船，而且低于最初的预期。

当时原两广总督刘坤一已经调任，新任两广总督张树声听闻蚊炮船竣工，也是非常高兴。张树声作为地主阶级开明派的代表，对洋务运动亦非常支持，且一直被当局称赞，说他胆识过人，颇有远见。他主张“采用西人之体，以行用”，也曾经说要“育才于学堂，论证于议院，君民一体，上下一心，务实而戒虚，谋定而后动，此其体也；轮船，大炮，洋枪，水雷，铁路，此用也”，单从此言行就可以看出其人对洋务的重视。

温子绍在建成蚊子船之前，颇不被外界看好。因为之前江南机器制造总局在英国顾问的帮助下生产的金瓯号都是一个失败品，更何况一个小小的广东机器局依靠温子绍一个中国人所生产的蚊子船。所以有不少官员以为温子绍一定会失败，甚至不愿意让他花费精力在注定会失败的蚊子船上，于

温子绍察看蚊炮船（何宗织绘）

是纷纷上奏，希望温子绍离任广州，前往其他地方经营洋务，其中以东三省居多。

纵然是在这样的舆论之下，张树声依旧力挺温子绍，让朝廷留下他，直到蚊子船研发成功再离任。在其上书光绪帝的奏章中，言辞恳切，可见一斑。

张树声在奏章中称，自去年（1879年）冬温子绍自行捐资建蚊子船一艘，现在工程仅仅进行到一半，需要九月底才能完工。此事情除温子绍之外，无人可以接手。仿造蚊子船，实乃中国创始之举，倘若弃之实在是可惜，且温子绍也有试航的把握，如此重要关头实在不能离任。在张树声的一再恳求之下，温子绍才得以留任。

连两广总督都面临着如此压力，更不用说温子绍本人了。自从接手蚊子船之后，他就感觉身上的担子越来越重，但是压力越大，动力越大。在所有人不信任的目光中，他完成了中国历史上第一艘近海战舰——海东雄号炮舰。

海东雄号炮舰刚刚修建完成，就引起了社会广泛的重视，有一直期盼他能成功试航的工人、官员，也有等着看笑话的洋人。温子绍命人将蚊子船带到了虎门附近，和从英国购入的蚊炮船同时进行试航。

虎门，是珠江水系各干流流入南海的八大口门之一，更是兵家必争之地，有“金锁铜关”与“南海长城”之誉。温子绍选中虎门作为试航地点，是因为当年鸦片战争的导火线便是虎门销烟。正是林则徐虎门销烟的一把火，烧出了中华民族在面对外来侵略者时的气节，之后更是在虎门诞生了中国历史上第一批向西方学习的地主阶级代表。

温子绍命人将海东雄号炮舰停靠在虎门口，等着张树声率领众人前来观看试航。那是光绪七年（1881年）的一个阳光明媚的早上。整个虎门口里三层外三层都是围观群众，他们亲眼见证了中国历史上的第一艘近海战舰，也

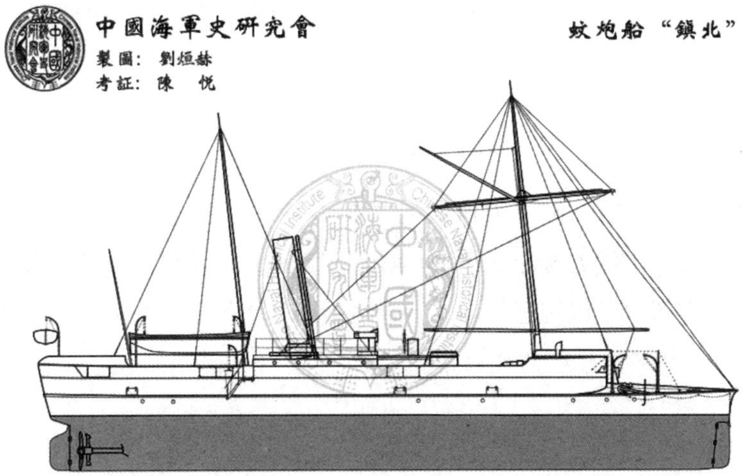

中国海军史研究会绘制的蚊炮船模型图

是中国第一艘国民自主生产出来的炮船成功试航。

海东雄号的国产康邦卧式蒸汽机头（历史资料图片）

在习习海风中，海东雄号炮舰船尾的龙旗随风飘动，它安静地停在水面上，等着另外一艘蚊炮船的到来。那艘蚊炮船是直接从英国购买的，花了整整十五万五千两白银。当一艘身披重甲的蚊炮船出现在海东雄号炮舰旁边的时候，试航已经准备就绪了。两船一同驶出港口，到了一片海域当中，众人坐着船跟在后面。温子绍指挥船上人员进行炮弹发射，不但速度快，而且射击精确，丝毫不比从外国购买的蚊炮船逊色。

倘若说在试航之前，还有不少官员看不起温子绍的蚊子船，等到试航结束之后，就只剩惊叹了。海东雄号炮舰无论是从速度上，还是作战的灵敏性等方面都和另外一艘蚊炮船并驾齐驱，甚至在某些方面还更有优势。

海东雄号炮舰在广州水师服役近30年，直到抗战年间，才退出了历史舞台。①

伦道尔炮船称为蚊船，但该船却一点也不细小，足有38.1米×9米（约是中国20世纪50年代近海作战名舰海鹰一号体积的4倍大）。根据当时朝廷的文件看，称其“足以资远洋”，可见已将其定位为远洋舰。据《温幼菊日记》记载，温子绍颇受清朝皇帝和大臣赏识，惊奇广东有此人才，总督刘

---

① 据《温氏光禄祠颐光堂家谱》记载，海东雄号据传是在抗战年间毁于日本出云号巡洋舰。

海东雄号在虎门出海试航情景（温少曼绘）

坤一上书光绪皇帝《筹备蚊船以固海防折》时，称“因无前例定不出该种战舰名称，又因温子绍制造，乃以温子绍名字谐音定名为‘蚊子船’”。

20世纪50年代的近海主舰海鹰一号（21.6m×4.95m），仅约蚊子船的1/4大小

但非常遗憾的一点是，温子绍制造的蚊子船并不被当局重视。在温子

绍研制成功蚊子船之后，两广总督曾经申请朝廷拨款再自造一艘同样的蚊子船，以替换代购舰的方案，但是没有想到这个意见被驳回了。最后两广也被迫认购了一艘海外蚊炮船。尽管如此，温子绍和他的蚊子船仍旧具有非常重要的价值和意义。

第六章

宦海沉浮

第一节　蒙冤免官

北风吹，吹我庭前柏树枝。树坚不怕风吹动，节操棱棱还自持。冰霜历尽心不移，况复阳和景渐宜。

——［明］于谦

温子绍在广东机器局十二年，励精图治。虽然广东机器局的规模不是很大，但是五脏俱全，应有尽有。他在广东机器局一共制造内河轮船、炮舰22艘，其中包括一艘花费3.39万两白银的海东雄号炮舰。其后还修缮船只，制造枪械、水雷，给广东水师及各省武装制造了一批又一批精锐武器。其间培养技术工人，亲自对其进行知识传授，为广东机器制造业和造船业培养了不少人才。机器缫丝厂在一定程度上也促进了广东经济的发展。

广东机器局兼制火药，轮船的制造修补也要一力承担。但聚贤坊只是一块小地方，根本没有办法承接那么多的任务。于是刘坤一决定成立广东军火厂，即兵工厂的东局，平日就负责火药的研究和生产，一并交给温子绍负责。温子绍接手之后，仿制了不少的水雷。

光绪九年（1883年），法国入侵越南，清政府虽然极其不愿意发动战争，但在局势一再危急之中，只能仓促应战。经过十多年的洋务运动，朝廷在军备上已经有了一定的提升。而法国也因为政权变革等诸多问题，导致实力大不如前，所以增强了清政府获胜的可能。

两国鏖战一年有余，时至光绪十一年（1885年），战争依旧没有消停，反而有越发激烈的趋势。朝廷虽然在一开始没有占据上风，但随着老将刘铭传等人的浴血奋战，部分局势得到了扭转，甚至在某些战役上获得了巨大的胜利。这在中国近代历史上绝对是前所未有的事情。

但战争实在消耗太大，朝廷财政极度空虚，支付不起，便开始效仿雍正当年的做法，清算一些有钱的官吏，以莫须有或者极小的罪名处置他们，让他们赔上一笔银子，从而减轻国库的负担。温子绍当时在广东一带经营兵工厂，并时常去香港进行物资的采买，却不想祸从天降。由于温子绍开办广州机器局开采矿山，破坏了一些巨贾的所谓风水宝地，从而引起了尖锐的矛盾。1885年春，温子绍旅差香港。一些矿山被破坏的巨贾勾结朝中佞臣，以“温子绍通敌美国，请速查抄”为由，状告温子绍。

时任两广总督乃是晚清名臣之一张之洞，其人以“正人”闻名于世。张之洞深知通敌乃灭门大罪，且温子绍素怀爱国之心，不可能有通敌之举。但在朝中缺钱，到处查抄的大背景下，一时半会亦无从厘清，温子绍能安然抽身的机会微乎其微。故思量再三，先行以“虚靡罪”为名扣罚白银共50050两，并勒令捐建机器局厂房，以免官保温子绍。张之洞之后多次和朝中重臣上书光绪帝平反温子绍错案，这在《广东省志》《广州市志》和《顺德县志》中有详细记载。但中华人民共和国成立后学者在书写《广东兵器制造概况》及《广东文史资料》时，把温子绍“虚靡罪”扩大为“贪污”，而忽略了经三法司会审为其平反清白的环节，更人为添加诸多所谓“贪污”猜想，误导了读者。

其实温子绍，经过三法司会审，已证明了清白并官复原职，从广州机器局建厂到免职期间的费用考证也不困难。广东机器局建厂十余年至温子绍免职期间用款仅为594149两白银，平均一年不过6万两上下，这6万两虽然是一个大数目，但是对于以洋务为主的兵工厂来说，根本就微不足道。较之同期左宗棠开办的江南机器制造总局，不过两年时间就已经花费了近百万两白银，[1] 温子绍所办兵工厂的花费，实在是少，并不存在贪污空间。

其实单凭当年温子绍捐出海东雄号炮舰一事，就足以看出其非贪污爱钱之人。且温子绍任总办十余年，将广东机器局经营妥善。虽然规模比不上江南机器制造总局等大兵工厂，但管理却丝毫不逊色。广东机器局所有工人都统一上班，统一下班。倘若有加班的需要，则都给以两倍的加班补贴。每人

---

① 选自中国第一历史档案馆、湖南左宗棠全集整理组：《湘军史料丛刊：左宗棠未刊奏折》，岳麓书社，1987年。

都尽司其职，未曾有一点懈怠。而其他兵工厂多存在人浮于事的现象，广东机器局却未有耳闻。别的兵工厂都会雇用一部分外国工人，才能开始制造。但是温子绍的广东机器局，从未有过外国工人，单是这一点，就给兵工厂节省了很大一笔开销。

由此种种，便知张之洞以“虚靡”之轻罪处罚温子绍，乃是权宜之计。后来，经布、按、运三司会合调查呈报，表明温子绍并无贪污侵吞事宜。

其后张之洞在经营兵工厂的时候，多采纳温子绍时期的作风，也曾经专门修书请教。故而可见兵工厂秩序井然，生产稳定。

> 局中工匠，每日六点钟吹头遍号气，即行齐集。俟六点半钟吹二遍号气，即行进厂做工。十一点钟放工吃饭，十二点钟开工，五点半钟放工。每日除放饭工外，共做工十点钟。如早晨六点钟未到厂者，罚工半日，未到五点半钟先时私走者，亦罚工半日。
>
> 每逢朔、望各放工一日，每年于十二月封印日放工，至次年正月开印日开工。以上放工日期均不扣工。此外，若有请假不到工者，均按应得工食计工照扣；不请假不列工者，除扣工食外，按日论罚。
>
> ……
>
> 每次造成炮子、枪子，均应试放有无弊病。随时登簿以备考核。
>
> ——《李瀚章奏请开复温子绍片》

广东机器局经历民国革新，中华人民共和国成立后重建等逐渐退出历史舞台，但是作为广东近代第一个兵工厂，其在历史上留下了浓墨重彩的一笔。研究中国近代军工史，温子绍的身影也不会缺席。

第二节　平反复职

温子绍独自回到顺德家中。因为贪污的事情已经传到了顺德，不少民众在背后辱骂，但温子绍并没有解释。他也曾在自己的家中留有一副横联：“青莲出淤泥，松柏韧疾风。”以此表示自己无所畏惧，心中坦然。

当时温子绍在顺德的缫丝厂已经发展壮大了起来，每年的收入也非常可观，所以他之前才有足够的银两制造海东雄号炮舰并将其捐出，还能承担朝廷的巨额罚款。待到其回到顺德之后，便从缫丝厂的收入中拿出一部分，给顺德人做了很多的实事，包括倡建善堂、兴修堤围等。只要有后生对洋务感兴趣，他一定会悉心调教，将自己多年研究的洋务倾囊相授。

温子绍于1885年被免职回到顺德，其间有不少大臣包括朝中重臣、封疆大吏等上书光绪帝，要求重新彻查温子绍一案，并且重新重用温子绍。

> 窃臣承准军机大臣字寄，光绪十一年（1885年）五月十五日奉上谕。……承办机器局以来，所购物料均有华洋各行发货单据，所用工匠，每日悬牌局门，未敢稍存侵冒之心。惟局系创始，工系仿造，物料之转购折耗，工匠之兼并旷费，不能撙节讲求，自问咎无可辞，自愿赔缴工费，以赎前愆。
>
> ——两广总督张之洞：遵查广东机器局碍难裁撤并革员温子绍赔捐自赎折

> 再，前因在籍江苏试用道温子绍办理广东机器局未能核实，经臣奏先行革职，彻底查办。……维时草创之初，规模未备，物料购自外洋，工徒招从廛市，其采办之辗转折耗，制造之拆改频烦，良由工艺生疏时势使然，尚非该革员侵蚀入己。……前经奏明如此办法毫无浮冒，既无浮冒，则其创办之效，似亦未可尽没。……事出有因，并非营私中饱。
>
> ——张之洞奏请开复温子绍片（光绪十五年十月二十日）

广东机器局旧址现状

待到光绪十六年（1890年）八月七日，时任两广总督的李瀚章[1]再次上书光绪帝，委婉地奏称："查其在差时并非营私中饱，而创办机器，讲求洋法，尚有微劳，复经前督任臣张之洞及臣两次奏请开复……臣亦何敢再三渎求。惟查温子绍于机器制造历练多年，颇有心得，实为可用之才。……臣前派广甲轮船赴北洋合操，间有（新任广州机器）局（薛培榕总办）制铜拉火未能合式，开炮即难灵便，可见一物未精，所关匪细，平时不讲，遇敌必挠。温子绍专精于是，为他员所不及，现值需人之际，合无仰恳天恩俯准将该员赏还原（二）品顶戴翎枝。"

最后在李瀚章和张之洞等重臣的共同努力下，温子绍终于在光绪十六年

① 李鸿章之兄。李瀚章之所以帮温子绍求情，一是为了洋务所需，二是因为李鸿章对温子绍的赏识。温子绍和李鸿章也多次通过书信进行往来。李鸿章非常看重温子绍在洋务方面的才华，而江南制造总局就缺乏温子绍这样的人才，虽然几经周转，未能让温子绍北上帮助北洋舰队，但仍旧不忍心看到温子绍才华被埋没。

（1890年）九月初五平反，恢复二品顶戴。据《温氏族谱》记载，张之洞因此事（错办贪污案）后来一度被贬安徽合肥。在朝多年的张之洞深知为温子绍平反自己将会承担错判的责任，但他仍力保国家有用之才，其高风亮节的确值得后人景仰。至此温子绍“贪污虚靡”一事，才算彻底落下帷幕。

第七章

参加中日甲午战争

中日甲午战争是19世纪末日本侵略中国和朝鲜的战争。它以1894年7月25日（清光绪二十年，日本明治二十七年）丰岛海战的爆发为开端，到1895年4月17日《马关条约》签字结束。按中国干支纪年，是年为甲午年，故称甲午战争。这场战争以中国的失败告终。清政府迫于日本的军事压力，签订了丧权辱国的不平等条约——《马关条约》，给中华民族带来空前严重的民族危机，大大加深了中国社会半殖民地化的程度。

第一节　远赴北洋

温子绍自蒙冤被革职后就留在顺德，等待机会重新大展拳脚，却不想这一等就是五年。当初那个初掌洋务三十而立的男子，如今已经年近花甲。

光绪十九年（1893年）温子绍迎来了自己的六十大寿，故而在省公馆举办宴会，邀请不少同僚和当地乡绅参加。在宴会上觥筹交错，非常热闹。温子绍恢复官职已经三年，但是局面仍无法打开，每每与李瀚章沟通经费，都没有得到有效回应，温子绍慢慢就知道其无心洋务，故而也不再自讨没趣。直到李鸿章向温子绍提出邀请，让他远赴北洋舰队，待成功之后让其掌管江南机器制造总局，温子绍欣然前往。

中国人一向重故里，尤其是到晚年的时候更不愿意受奔波迁徙之苦。温子绍彼时已经年过花甲，却仍为了年少时候的梦想和振兴祖国的宏图大展，北上北洋。他还带上了自己最喜欢的儿子温其球，其子后来成为中国历史上赫赫有名的画家，自成一派，影响甚远，甚至直到东南亚一带。

由于北上还须得朝廷批复，所以温子绍又等了些时日。直到光绪二十年（1894年），温子绍才和其五子温其球一道，在海军提督丁汝昌的陪同下，北上渤海。温子绍其行，带着满腔抱负，因为北洋舰队是当时中国最强的海军，也是抵御外来入侵的坚实屏障。他把这看成了自己人生的第二次机遇。当然，也是最后一次。

陪同温子绍一道北上的，是海军提督丁汝昌，其人是李鸿章的重要门客之一，由此足见李鸿章对温子绍的重视。丁汝昌本是陆军行伍出身，早年还行错路，参加了太平天国运动，不过其后归入淮军，从总长开始，一路打拼，直至官从一品的海军提督。自光绪五年（1879年）李鸿章调任北洋海防差用开始，丁汝昌就开始研究海军，虽曾被李鸿章指责“只识弓马，不懂海战”，但其后深入研究，还专程去了英国一趟。

温子绍和丁汝昌相见恨晚，两人相谈甚欢，其后温子绍更是让其子温其球做丁汝昌幕僚，[1]由此可见温子绍和丁汝昌的感情深厚。温子绍知丁汝昌是正直之人，故而希望给温其球找一个报效朝廷的机会。

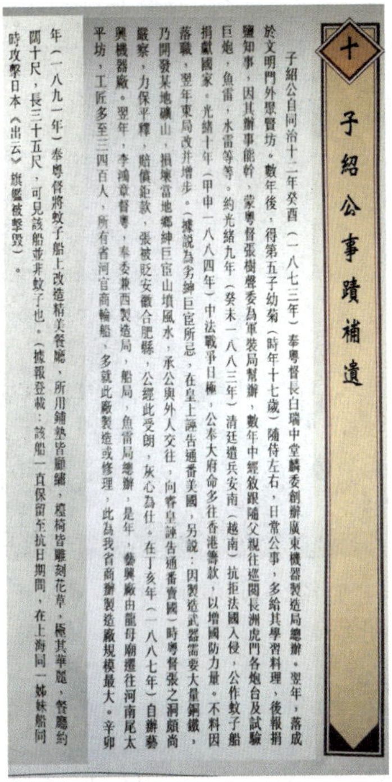

十 子紹公事蹟補遺

子紹公自同治十二年癸酉（一八七三年）奉粵督長白瑞中堂麟委創辦廣東機器製造局總辦。翌年，落成於文明門外聚賢坊。數年後，得第五子幼菊（時年十七歲）隨侍左右，日常公事，多給其學習料理，後報捐鹽知事，因其辦事能幹，蒙粵督張樹聲委為軍裝局幫辦，數年中經敘跟隨父親往巡閱長洲虎門各炮台及試驗巨炮，魚雷，水雷等等。約光緒九年（癸未一八八三年）清廷遣兵安南（越南）抗拒法國入侵，公作蚊子船捐獻國家。光緒十年（甲申一八八四年）中法戰爭日極，公奉大府命多往香港籌款，以增國防力量。不料因落職，翌年東局改并增步。（據說為劣紳巨宦所忌，在皇上誣告通番美國，另說：因製造武器需要大量鋼鐵，乃開發某地礦山，損壞當地鄉紳巨宦山墳風水，承公與外人交往，向睿皇誣告通番賣國）時粵督張之洞頗尚嚴察，力保平釋，賠償鉅款，張被貶安徽合肥縣，公經此受朗，灰心為仕。在丁亥年（一八八七年）自辦藝興機器廠。翌年，李鴻章督粵，奉委兼西製造局，船局，魚雷局總辦，是年，藝興廠由龍母廟遷往河南尾太平坊，工匠多至三四百人，所有省河官商輪船，多就此廠製造或修理，此為我省商辦製造廠規模最大。辛卯年（一八九一年）奉粵督將蚊子船上改造精美餐廳，所用鋪墊皆顧繡，檯椅皆雕刻花草，極其華麗，餐廳約闊十尺，長三十五尺，可見該船並非蚊子也。（據報登載：該船一直保留至抗日期間，在上海同一姊妹船同時攻擊日本《出云》旗艦被擊毀）。

《温氏光禄祠颐光堂家谱》之《子绍公事迹补遗》（局部）

船只最后进入旅顺，丁汝昌邀温子绍于旅顺点兵。旅顺点兵赫赫有名，直到今日仍有影视作品借鉴了其中场景。李鸿章举办阅兵的主要原因是北洋舰队面临经费严重不足的窘境，每每跟朝廷要钱，朝廷总是用各种理由推托，以至于北洋舰队已经有数年没有补充战舰了，而慈禧太后却在大兴土木，修建颐和园。李鸿章想借助阅兵让太后知晓海防的重要性和北洋舰队本身的不足，从而扩大规模，增加经费，可没有想到太后只是派了个太监前来。

---

① 清朝官员大多喜欢收纳一些门生入幕，作为重点栽培的对象。像丁汝昌就是李鸿章的幕僚，这是一种非常微妙的关系。倘若朝中有空缺，官员也更喜欢推选自己的门生填补。就好像丁汝昌明明是陆军出身，不识水战，却因为和李鸿章同乡且一直在他麾下的缘故，被升任北洋海防差用。

温子绍五子温其球像（资料图片）

不过温子绍还是看到了北洋舰队的威风。北洋舰队此时已经购入定远号和镇远号两艘铁甲船，是从德国的伏尔铿造船厂订购的，这间造船厂在德国非常有名气，有不少战船甚至远销英美。镇远号在性能上要略胜于定远号，是北洋水师主力舰之一，有东洋第一坚舰的美名。两艘铁甲舰都可以容纳300余人，主要武器有4门主炮，分别位于2座水压动力炮塔内，然后还有2门副炮、8门转管式机炮、3支鱼雷发射管，算是非常厉害的防御武器。

此次北洋舰队总共展示了25只船舰，除掉定远号、镇远号两只主力舰，还有经远号、致远号、靖远号、来远号、洛远号等远字号的巡洋舰，以及不少蚊炮船、鱼雷艇、教练船和运输船。这些战舰在丁汝昌、林泰曾等人的指挥下，朝着岸口驶去，声势浩大。

光绪二十年（1894年）七月，中日甲午战争拉开了序幕。

朝鲜问题是日本发动侵略战争的突破口，1894年，朝鲜爆发东学党起义，朝鲜当局不能镇压，便向宗主国中国乞援。清廷尚未做出反应，日本竟然已经到了朝鲜，表示帮助中国支援朝鲜平定东学党，从而诱使清廷出兵，如此明显的动机，当局竟然没有识破。

等到甲午年（1894年）七月，日本的狼子野心逐渐浮出了水面，中国有不少有识之士已经嗅到了战争的味道，可是当局迟迟没有反应。温子绍怀揣一腔报国热血，知道倘若这个时候不积极备战，那么就会吃亏，而自己所在的北洋水师又是清廷最强大的武力代表，只要北洋水师积极备战，那么摧毁日本的阴谋就指日可待。可是北洋水师坚守不出。

第二节　参加海战

温子绍和丁汝昌等人纷纷上书李鸿章，要求北洋舰队在第一时间奔赴朝鲜抗击日本入侵，但是都被驳回。李鸿章一方面寄希望于朝廷和日本的“调停”，另一方面不愿意让北洋舰队在战争中有丝毫损耗，故而一直不愿意作战，坚信日本只要捞到便宜就会回去。

此时正好临近太后六十大寿，整个朝廷都在全力办寿，故而朝堂一片主和声音。当局也忙着修缮颐和园，筹办大寿，在一片其乐融融的气氛中，根本没有注意到即将降临的灭顶之灾。

李鸿章不战的原因有二。一是北洋舰队数年未有扩充军备。而日本方面自从所谓大陆政策出台之后，便开始积极筹备，新添了不少的战舰。定远号、镇远号虽然牢不可破，但还是存在诸如火力弱、射速慢、航速迟缓等等问题。虽然仍可力战，但是损耗过大。二是在中法战争中，李鸿章亲眼见到福州水师损失惨重，多艘战舰被毁，即便战后进行扩充，也溃不成军，被迫撤销。他不愿北洋舰队重蹈覆辙，故而退不应战。温子绍及李鸿章门下多幕僚一起上书规劝，他都置之不顾。

温其球就是在这样的背景下提出要离开北洋舰队，回到顺德，重新追求自己作画山水的梦想。这一次，温子绍没有反对。

他北上时间不长，但是对北洋舰队的弊端看得清清楚楚。眼前这号称东南亚第一海军的北洋舰队，实际上却是名不副实。有不少八旗子弟、权贵后人，根本就不具备入伍条件，却通过各种关系进了北洋舰队，而且北洋舰队纪律非常松散，赏罚不明、权责不分，整支军队懒懒散散，全无半点斗志，实在让人心寒心酸。

但是温子绍没有随温其球一道离开，他留在了北洋，就算洋务要毁于一旦，他也得陪着一道破灭。唯一让温子绍觉得可喜的是，朝廷的主战派已经成立，以光绪帝为首，户部尚书翁同龢为支撑，已经在朝中有了一定的声望。慈禧太后虽然不满意大寿被延误，但是在舆论面前，也只能保持沉默。

随着中日谈判的彻底失败，一直观望的李鸿章也终于开始答应皇上的要求，开始对朝鲜进行增兵，被动防御日本的进攻。而列强新一轮装腔作势的调停也终于以失败告终了，日本在外交上没有了阻力，故而开始放手一战。日本当局之所以有恃无恐地同中国开战，主要是因为本身海军实力得到了非常大的提升。而且由于一直关注中国海军的筹备，所以在开战之前就已经做到了知己知彼。反观中国，对日本的近况几乎一无所知，而且还故步自封，认为自己的海军已经非常强大，多年不愿意增加军备。

彼时日本已经建成了非常强大的海军。首先是英国公司帮忙打造的吉野号，这艘战舰无论是从战斗力还是防守和灵敏性上看，都要比镇远号高出一筹，据说当时建成的时候已经被李鸿章相中，想用来扩充实力，只是可惜因为认购经费不足，就归属了日本。此外，还有秋津洲号、浪速号等大型战舰。其中甚至还包括专门针对定远号、镇远号准备的松岛号，松岛号是法国工程师设计制造，在西方列强中颇有口碑。

清政府的增兵，刺激了日本的神经。故而到7月中旬的时候，日本大本营做出了开战的决定。7月20日，日本组成了一支联合舰队，做好了随时对中国军队挑衅的准备，一场战争在所难免。这次清军没有掉以轻心，因为他们也知道，一场战争的爆发，是不可避免的了。

当天日本还给朝鲜政府下了最后通牒，在通牒中颠倒黑白，要求朝鲜政府废华约、逐华兵，并在48小时内做出答复，朝鲜政府只能继续采取敷衍政策。7月23日，日军突然袭击汉城王宫，扶持亲日派的朝鲜国王李熙上台，并且宣布同清军断交的政府令，亲日派朝鲜政府还委派日本“帮助”驱逐清军。日本当局企图以这样的方式，名正言顺地对中国发动战争。

两日后，日本不宣而战，在朝鲜丰岛海面袭击了清军运兵船济远号、广乙号两艘战舰，丰岛海战正式开始。消息传回京城，引得一片哗然。

济远号隶属北洋水师，是和定远号、镇远号一同采购的战舰，在北洋舰队中颇有地位。在和日本的交战中，济远号死13人伤40人。而广乙号隶属广东水师，其后由于朝鲜半岛局势危险，北调北洋，被日本战舰围剿，为了不被俘虏，焚舰而亡。

丰岛海战的结果很快就传回京师，李鸿章气得不行，战争不过刚刚开始，就损失了一艘战舰。虽然是从广东北调的，但是已经编入了北洋舰队，试问他如何能不心疼呢？而且他更知道，这不过是个开始。

第三节　梦想尽灭

海战之后，当局也曾希望列强可以调停，但是日本根本没有理会，就在平壤陷落的第三天，在鸭绿江口大东沟附近的黄海海面，向中国海军发动第二轮进攻，妄图在丰岛海战之后再次力挫中国海军。

李鸿章本打算让北洋舰队护送4000余名援军到朝鲜，却没有想到在回程的时候，被日本海军阻拦。日本派出了战力军舰12艘，可以说是倾巢出动，而北洋舰队此次护航，也基本上带齐了一流战舰。

大战一触即发，却是开局不利。作为主力舰的定远号，由于年久未修，主炮炮塔竟然起火，丁汝昌被烧伤，但是他拒绝进入内舱，而是坐在甲板上督战，鼓舞士气。其间日本战舰利用航速优势绕攻超勇号、杨威号两舰，导致其起火退出战争。

大抵午后超勇号沉没，管带黄建勋落水而死，船上大多官兵战死。不过一盏茶的工夫后，杨威号也沉没了。日本的四艘军舰，也遭到了北洋舰队的截击。当时日军的火力相当于北洋舰队的三倍左右。致远号管带邓世昌见吉野号横行霸道，故而决意与之冲撞，同归于尽。日本方面只能仓促应敌，集中火力相攻击，最后致远号沉没，邓世昌从容赴死。全舰除了七人获救，无一生还。

黄海海战历时大约五小时，最后的结果是北洋舰队损失了致远号、经远号、超勇号、杨威号、广甲号五艘军舰，死伤官兵六百余人。而日本方面，战舰松岛号、吉野号、比睿号、赤城号、西京丸号都受到了重创，死伤在六百人左右。

虽然北洋水师损失惨重，但是并未完全战败，然而李鸿章为了保全实力，让北洋舰队躲入威海港，并且下令不能够出海迎敌，从而让日本实际取得了黄海的制海权。这事情一传出，整个朝廷都震惊了。

黄海海战的失败，让当局非常担心，有不少人担心东三省会就此失去，落入日本的手中，到时候京城腹背受敌，日本不过一日就可以兵临城下。而日本当局更是狂妄，甚至已经放出了赶到奉天（今沈阳）过新年的口号，嚣张异常。

但是日本嚣张的气焰，被聂士成打破了。李鸿章曾经有言，“只要东三省有聂士成在一日，就不会被日本占领”。而聂士成也做到了这句话，作为湘军麾下最为骁勇的战将之一，在战争中表现了卓绝的勇气和才华。

聂士成起于行伍，早年家境贫寒，其后从军，戎马四十年，立功无数。不但为人非常有担当，而且行兵布阵非常厉害，和日本正面交锋，也丝毫不畏惧。虽然只是一个总兵，他却非常有见识。早在甲午战争爆发的前一年，时任太原总兵的聂士成就带着学生一道巡视了东北地区的中俄、中朝边境，历时八个月，行程两万余里，了解各地的风土人情、山水地形，并且编成《东游纪程》一书，上报朝廷。

该书是一本有着极强军事价值的地理文献，总共10万字，详细介绍了东北边防的具体情况，并且提出了很多有效的建议，还配上了32幅异常精确的地图。同时还指出日本是经略东北的心腹大患，应该因时制宜，早做准备。只是可惜，这本书中的内容并没有引起当局重视，导致清军错过提前应对的良好时机。

果然很快从东三省传来捷报。聂士成在敌众我寡的情况下，巧妙利用山路地形，设置疑兵，从而雪夜奇袭连山关，继击分水岭，以五百骑的兵力重挫日军，并且斩杀中校福冈山造。此役是在非常不利的情况之下取得的战略性胜利，而且收复了失地，实在是大快人心。而聂士成所取得的这一次胜利，是清军在甲午战争中取得的第一次胜利。

1894年10月初，日军攻陷鸭绿江防线，清军无力阻拦日本向辽阳、奉天两地推进，所以决定由总兵聂士成率军在摩天岭（本溪市南部）及东侧连山关一带，拦住日军的侵略。聂士成接到上级指派之后，当即前往摩天岭。

聂士成刚到摩天岭，日本的第十旅也到了。

11日，日本攻占连山关，聂士成率领部下在摩天岭一带布置旗帜，故作疑兵，让敌人不敢进犯，从而给后面的备战赢得了时间。待到13日，日军又集结军队攻击赛马集一带，被清军击溃。

一连两场胜利，聂士成都胜得漂亮，但是当时驻守在东三省的主要官员，心中仍旧是诚惶诚恐，怕稍微不注意就丢了自己的性命，故而不是很赞同聂士成奋勇迎击。将士也分成了两派，其中只有少数人听从聂士成的调配。

25日，聂士成夺回连山关，杀敌者众。回到营中却发现不少人窃窃私语，才知道他们是觉得聂士成这样会激怒日军，让日军恼羞成怒，加快对东三省发动总攻。聂士成听完之后，非常生气，直言只要日本敢发动总攻，定然要让他们吃败仗。但军中不少将领都毫无气势，消极备战。

30日，日本攻陷战略要地凤凰（丹东凤城），情况十分危险，摩天岭一处成为守卫沈阳的最后一道屏障。如果摩天岭被攻克的话，只怕朝廷就要两面受敌，日本不但可以在海上，而且在陆地上都可以旁若无人，直入京师。

摩天岭自古就是兵家必争之地，可谓是一夫当关，万夫莫开。早在唐太宗征高丽的时候，高丽王就用重兵把守此地，后来还是因为薛仁贵的出现，才破了摩天岭，让大唐最后获胜。虽然驻守摩天岭的清兵人数众多，但是聂士成能够指挥的部队不到万人，且只有六个将领才真正主战。

和日军抵抗了一段时间，到11月底的时候，摩天岭普降大雪，聂士成觉得是一个非常不错的机会，于是趁着风雪，在准备工作充分的前提下，分两路偷袭连山关，希望可以取得重大的胜利。

日军当时以为天气如此恶劣，朝廷断然不会在这时候出兵，故而都非常放纵自己。聂士成却独辟蹊径，亲自率领三百余人的骑兵，突袭日本军营，在他们毫无准备的情况下杀敌数百，甚至斩杀了日军指挥官。

而此时的聂士成已经年近花甲，五十八岁的老人还要参战，且还是作为先锋，在称赞其英勇无畏的同时，又让人觉得无奈。如此有气节的将军年事已高了，而朝中人才却是青黄不接。

在其后的四个月乃至更长的时间里，日本都想要收复摩天岭，但是聂士成严防死守，直到甲午战争结束，日本也没能拿下摩天岭。

第四节　全线溃败

可是聂士成一处的胜利，没有办法扭转清军在东三省的颓败局面。在10月下旬的时候，日军大山岩将领率领两万五千人在旅顺花园口登陆。因为知道李鸿章一心要保护旅顺港，所以清军并没有在这里安排其他的部队进行协助，可是没有想到李鸿章一直按兵不动。

整整十二日，眼见日本登陆，清军竟然没有丝毫反抗的举动，对战事不闻不问。只有当地的农民发动了自卫反击战，可惜无论是从人数还是装备上都严重逊于日军，最后只能眼睁睁看着日军为所欲为。

之后日军更是长驱直入，向大连湾发动进攻。作为守将的赵怀业竟然闻风而逃，让日本不费一兵一卒，就占领了大连湾。日本在大连湾稍微休整了十余日，便开始向旅顺进攻。其实当时旅顺地区还有一万余人的部队驻守，就算不能战胜日本，也可以在时间上进行拖延。却没有想到在19日的时候，黄士林、赵怀业、卫汝成三位统领先后潜逃，导致军心溃败，结果日本不过花费了一昼夜的工夫，就在22日拿下了旅顺。号称东亚第一要塞的旅顺，就这样落入了日本人的手中。

日本占领旅顺之后，竟然发动了惨绝人寰的大屠杀，不过四天时间就连续屠杀中国民众两万余人。旅顺的失利，让日军在渤海一带取得了主动权。

旅顺失利及之后大屠杀的消息传来，让朝廷十分震惊。一时朝廷满满都是求和的声音，认为已经全然没有半点取胜的可能了，而且日本不过是弹丸小国，就算获胜也不能将整个中国吃掉，倒不如退而求其次，答应日本的条件，割地赔款解决这件事情。

1895年1月20日，日本大山岩大将指挥日本第二军共两万五千人，在日舰的掩护下，在荣成龙须岛登陆，意图侵占威海卫。

此时的威海卫，尚且有北洋舰队的二十六艘战舰，是自黄海海战之后，北洋舰队的全部实力。威海卫一战不可避免，果然在30日的时候，日军就集中了主要兵力攻击威海卫的南帮炮台，当时驻守的士兵不过三千余人，但是顽强抵抗，虽最后被歼灭，但也在一定程度上削减了日军的嚣张气焰，更是将日军大寺安纯少将击毙，这是甲午战争开战以来首次歼灭的日本将军。但是由于双方实力悬殊，南帮炮台失守。日本占领南帮炮台之后，困守在威海卫的北洋舰队，便是腹背受敌了。

此时陆地方面已经被悉数占领，唯有丁汝昌坐镇指挥的刘公岛一处，还在清军的手中，且集合了北洋舰队的主要实力。但刘公岛是一座孤岛，除非有强援，否则刘公岛根本不能久守。

日本方面对丁汝昌进行隔海喊话，劝其投降，然而丁汝昌铁骨铮铮，誓要和刘公岛共存亡。10日，定远号弹药告罄，北洋水师右翼总兵刘步蟾亲手炸毁自己的军舰后自杀，以此明志。而此时的北洋舰队中，也有了两种声音：一种是向日本投降，一种是死守阵地，英勇赴义。其中有不少主张投降的官员，都是洋员，他们撺掇丁汝昌投降，丁汝昌自杀明志。丁汝昌死后，美籍洋员浩威起草投降书，假以丁汝昌的名义，派广丙管带程壁光送至日本联合舰队旗舰，于14日签订《威海降约》。17日日军登陆，标志着威海卫失陷，整个北洋舰队全军覆没。

之后虽然清军先后发动了四次反击战，但是都被日军击溃。日军仅仅耗费了十天的时间，就让清朝六万多大军从辽河东岸全线溃退。清廷不得不选择和日本议和，签订合约的人，正是李鸿章。

1895年3月19日，李鸿章带领一百多名随员以头等全权大臣的名义到达日本马关，和伊藤博文商议和约细节。据说签订合约之初李鸿章是不同意的，日本甚至还安排了人进行刺杀，不过失败了。其后担心列强会就此调停，故而立刻休战签约。而清政府这边，也想着快些签订合约，以结束战争，所以就没有继续坚持，最终签订了《马关条约》。

温子绍带着无限的遗憾和痛恨回到顺德，他虽胸怀大志，但身份卑微、有心无力，无法阻止历史向前的车轮。

第五节　海战失败的反思

军费的不足，造成亚洲最强的主力舰上，却只备有一两枚主炮实弹以及数量远远不够的火炮及速射炮，以这样装配的主力舰去作战，其战斗力是可想而知的。所以，整个甲午海战的历史记录，出现最多的字眼就是："弹尽粮绝""弹尽粮绝与敌人同归于尽"。

而李鸿章与翁同龢[①]之间的恩怨，对北洋舰队的发展和军费支持有莫大的影响。中日甲午战争期间，翁同龢与李鸿章大唱反调，主张迎战。在此之前，二人之间还结有"鸦片厘金"事件、停开"海防事例"事件、"弹劾开办华美银行事件"等公仇，又因翁同龢与一手提拔李鸿章的曾国藩有私仇，间接地与李鸿章也有了私仇。翁同龢在各个地方停扣海军军费的记录均清晰在录[②]：翁同龢任户部尚书的第二年（1888年），黄河在郑州决堤，户部在《筹备河工赈需用款办法六条》奏折中，以"十余年来，各省购买军械存积甚多，铁甲快船，新式炮台，业经次第兴办"为由，要求自光绪十四年（1888年）起，沿海各省"所有购买外洋枪炮船只……均请暂行停止，俟河

① 翁同龢：同治、光绪两帝之师，任户部尚书十余年，被康有为誉为"中国维新第一导师"的清末政治舞台上的重要人物。

② 《清实录》。

工事竣，再行办理”，造成的后果就是：李鸿章正在订购的战舰均告吹，其中就包括在甲午战争中大为风光的日军旗舰吉野号。有据可查的是：自北洋水师正式成立后的光绪十四年（1888年）到甲午战争爆发前的六年间，中国再未添购一艘军舰。

朝廷从慈禧到光绪到肱股大臣均各自算计。可以说，造成战败的局面，主要原因是清朝皇廷内部钩心斗角和政治腐败。温子绍感慨“商女不知亡国恨”，即使战争一触即发，当局还在贪图享乐，各大员之间还在钩心斗角，也不禁对朝廷越来越失望。

日军来犯时，朝廷形成了以皇上和户部尚书翁同龢为首的主战派，以及以太后为首的主和派，而温子绍一直非常敬重的李鸿章，也是主和派中的代表。他实在想不明白，明明战争已经不能避免，为什么还心甘情愿地要做缩头乌龟呢？

即使知道自己人微言轻，没有办法左右李鸿章的决定，温子绍还是觉得，虽然有数年没有增加军备了，但定远号、镇远号两艘铁甲舰还是非常强大的。而且这次面对的敌人不是英法列强，而是弹丸之地的日本，没有道理也畏惧着不愿意反抗。

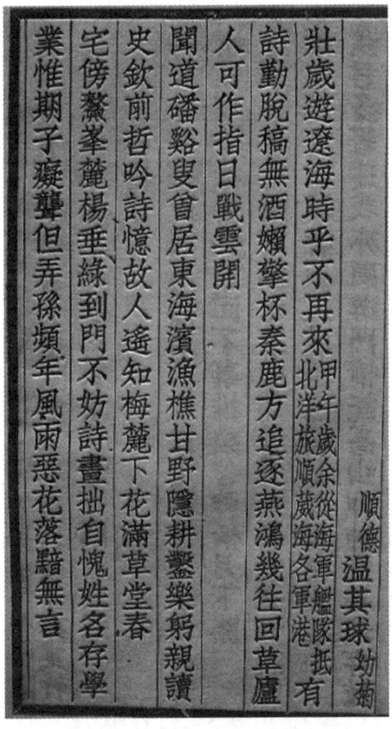
順德 溫其球 幼菊
壯歲遊遼海時乎不再來甲午歲余從海軍艦隊抵北洋旅順威海各軍港有
詩勤脫稿無酒嬾攀杯秦鹿方追逐燕鴻幾往回草廬
人可作指日戰雲開
聞道磻谿叟曾居東海濱漁樵甘野隱耕鑿樂躬親讀
史欽前哲吟詩憶故人遙知梅麓下花滿草堂春
宅傍鰲峯麓楊垂綠到門不妨詩畫拙自愧姓名存學
業惟期子凝韓但弄孫頻年風雨惡花落黯無言

温其球甲午海战诗系列

温子绍谏议是这样说，但还是有些担心，毕竟北洋舰队已经数年没有扩充军备了。定远号、镇远号虽然牢不可破，但还是存在诸如火力弱、射速慢、航速迟缓等问题。而日本方面自从所谓“大陆政策”出台之后，便开始积极筹备，新添了不少战舰。虽然力量悬殊，但如果积极备战，拼死一搏，胜利的机会还是有的。

随父来北洋舰队入幕丁汝昌的温其球，

多次向丁汝昌和李鸿章提出，趁倭寇立足未稳，先发制人向日本部队突袭，但其建议均没有获得接纳。绝望之下温其球遂辞职南归，重理绘事。他与潘达微、李凤公等人于广州六榕寺组织国画研究会，画学上坚守传统，并于50岁后上溯宋元，成为岭南一代大师。

第六节　对清军武器的反思

中国20世纪80年代很热的一部电影《火烧圆明园》，里面一个场景令人印象很深刻：盔明甲亮的御林军手拿弓箭排成威严的方阵，英法联军杀将过来，经过联军长枪、短枪一阵疯狂的扫射，御林军一排一排倒下来，地上横七竖八躺满了尸体，京城告破。面对洋枪洋炮的英法联军，清军将士并不是作战不勇敢，实在是器不如人，最终空有一腔热血，却始终难以报国。很长一段时间里，大多数的中国人，对晚清军事上一败涂地的原因，都是归结于武器落后，但是随着深入的研究才发现，事实并非如此。

在美国的春田兵工厂博物馆里，有一挺诺顿菲尔特速射机关枪，上面写着几个字："英吉利，诺顿菲尔特，敬赠李中堂"，而旁边的注解也说明了，这挺机关枪是在1900年八国联军侵略天津时缴获的。如果只有一挺也就罢了，或许只是件纪念性的礼物，可是，当时联军缴获的足足有上百挺，这足以证明当时的清军部队绝对是装备了这种重型武器的。连机关枪都有，那么作战用的步枪还会少吗？

还有一件事：曾国藩带兵打仗，踏踏实实，从不投机取巧，因此经常能够取胜。他的作战方法，便是军队每到一个地方便马上挖战壕，接着士兵们全部跳进战壕里去。手持冷兵器的士兵，统统站在战壕里，怎么敌得过使用火器的敌军？若敌人来了，别说火器了，只要用长矛向战壕里刺，或者往里面扔石头，便能将清军逼出来，或者直接杀死，可以不费吹灰之力取胜。而且曾国藩当时起兵并不久，手上的士兵都是临时征集来的民兵，也不可能有什么好的战术，而他们在战壕里是怎么打胜仗的呢——唯一的解释，就是他们使用了火器。

在此之前，太平军攻克苏州之时，英美等国为了阻止太平军攻占上海，由清朝苏州道台吴熙出面，委派华尔招募外国籍亡命徒及军人组成雇佣军，华尔担任领队。后来这支军队吸纳了很多中国人，一度发展到两千多人，更是和李鸿章密切配合，将太平军杀得找不着北。

士兵们战斗力不高，敌军太过强大，怎么办呢？受到华尔洋枪队的启发，曾国藩决定从装备上入手，于是他斥巨资购买了一大批当时世界上最先进的发射米尼弹的前装线膛步枪，以及12磅野战滑膛炮，装备到了自己的部队上。打仗打不过，开枪总会了吧？再加上战壕战术，于是曾国藩的军队便有了极强的战斗力，在战场上无往而不胜。

当时曾国藩军队的装备可以用豪华来形容。前装线膛步枪的枪管里有来复线，来复线可以让子弹在出膛之后保持高速的旋转，这就带来了相当不错的稳定性。在子弹火药当量相等、弹头动能相等的情况下，旋转的子弹可以飞得更远，在远距离射击时拥有更高的精度和杀伤力。曾国藩的军队虽说没有神枪手，但是大军冲过来，人挨着人，几乎就是一堵墙，怎么打都能打中。而米尼弹是一种圆锥形的子弹，相较于此前的圆形子弹，它可以更好地契合膛线，子弹的有效杀伤距离更远，配合前装线膛步枪，曾国藩的军队可以在五百米之外就射杀敌人。

而在此之前，子弹的有效杀伤距离也只有五十米而已，五十米的距离，对于骑兵来说，不过是几秒的事情，敌人的下一发子弹还没装填完毕，他们就已经冲到阵前了，然而现在，在五百米开外，几乎看不清对方的人，子弹就已经到了——这仗怎么打？还没冲锋，就已经去了一半的锐气。

曾国藩和李鸿章都享受到了火器带来的好处，他们对于先进武器已经有了一种几乎是谜一般的偏爱。而且，火器只要远远地发射就行了，根本不用让士兵上阵冲锋，又极大地避免了人员伤亡——如此好事，哪个带兵的会不喜欢？他们和左宗棠一起，在清军内部达成了共识：只要世界上出现了更加先进的武器，不管多远，不管多贵，都要不惜一切代价买回来，给自己的部队装上。当时各国部队大多都只是配备自己国家先进的装备，清军却拥有全世界各国的先进装备，集百家之所长。当时的斯潘赛弹仓步枪，美国南北战争时期，北军都觉得它太贵，没有装备到部队上，而清军则是毫不犹豫地买了回来；还有加特林机关枪，造价极其昂贵，可是李鸿章等人大量购买的时候，连眼睛都没眨一下。于是乎，在很长一段时间里，清军都保持着一个非常大的装备优势。

这个优势不只是在对外战争中体现出来，对内更是如此。当时新疆阿古特叛乱，并且得到了英国援助的一万多支单发步枪，配合草原骑兵的骁勇，可以说是凶猛异常，然而在清军面前如同纸片一样不堪一击——他们使用的可是加特林机关枪以及野战炮！野战炮的轰炸就让叛军损失了大量人马，而机关枪的弹阵更是让他们寸步难行。地上满满地堆积着人和战马的尸体，这就让后续部队难以快速前进。骑兵失去了速度，在先进的火器面前，他们只能一片片地倒下。

越来越多的胜利，让李鸿章等人对先进武器越来越痴迷，他们甚至不满足于购买了，而是开始仿制，希望不只是主力部队，而是所有部队都能够装备上先进武器。清王朝士兵众多，若真的全部装备上了先进武器，那么将会是一支战斗力极强的队伍。

在1895年甲午战争爆发之前，清王朝已经结束了内战，处于休养生息的阶段，经济得到了极大的发展，清王朝一度有崛起的可能。当时的清军已经完成了一定程度的陆军现代化改装，而海军更是拥有了当时最先进的两艘战舰——定远号和镇远号，都达到了七千吨级，号称亚洲第一。

在外国的档案库里，我们可以查询到相关资料，当时清军的装备水平，确实是非常先进的。为什么这样强大的军队，拥有着世界上众多先进的装备，却在甲午战争中被打得一败涂地呢？

其实武器并不是决定战争胜败的唯一因素。两国交战，经济、制度、后方补给等很多方面的因素都会影响战争的结果，甚至具体到每一场战役中，

清军的野战火炮

天气、环境、将领水平等因素也会影响战局。况且清军的装备先进，敌军的装备同样也不差。造成清军失败的原因，说起来有很多，不过最主要的还是国家结构的问题。

一是清王朝虽然人口众多，但绝对不可能全民皆兵。一个人当了士兵，就不能耕作，就要有若干个人生产更多的粮食来供养他，要有若干个人生产衣甲、兵器供他战斗，要腾出一块地方供他睡觉，供他操练。无论何时，供养一支军队的支出都是不小的，再加上当时的清王朝虽然武器装备处于世界前列，但是生产水平和工业水平都是落后于西方国家的。同样的一支军队，可能西方国家用一百人就可以供养起来，但是清王朝要用一百五十人、两百人甚至更多的人去供养。如此一来，维持太大规模的军队对于清王朝来说，是难以为继的。

二是中国幅员辽阔，北边是草原、荒漠，东南方都是海洋，西边是高原和沙漠，在人们的眼里，这些高原、海洋、沙漠圈出来的这块大地，就是天下了。虽然知道了地球是圆的，天下还有很多别的国家，但是清朝的统治者没有想到过扩张——守住自己的这太平盛世不就好了吗？翻过高山翻过大洋，去打下那千万里之遥的土地，守也守不住，有什么意义呢？所以清朝的统治者并没有对外扩张的念头。既然不扩张，也就不需要太多的军队了。

三是李鸿章等人百战百胜，军队实力强劲，所以用不着保持太大规模的军队，只要现有的军队能够抵御外敌就可以了。于是乎，在很长的一段时间内，军队的数量都没有太大的增长。这个想法是建立在“我们的队伍永远都能打胜仗”的前提下的，可是他们没有想到的是，万一打输了怎么办？军队多的情况下，打输几场战役也无妨，还有大量的后续部队可以持续作战，可是当时的统治者和李鸿章等人早就被装备优势带来的大大小小的胜仗冲昏了头脑，他们根本没想过自己会打败仗，也就没有扩张军队。

1860年，蒙古王爷僧格林沁带着骑兵抵挡英法联军的进攻，但是他没有料到敌人的装备如此先进，这一仗他大败，折损了两万多骑兵，而英法联军也得以长驱直入圆明园烧杀抢掠。还有一事，曾国藩的弟弟曾国荃为了攻下太平军防守的武汉，带兵发起了一次冲锋，却惨败而归。从这以后，曾国藩就下令今后不准带兵冲锋，只准挖战壕御敌。这种战术取得了显著的效果，为了保持兵力，就更没有人愿意冲锋了。

当时的清王朝已经失去了自己的军队，所能依靠的只有汉族的湘军和淮军，而如果这两支军队失败的话，李鸿章、曾国藩等汉官也就不会受到重用了，于是在这种情况下，所有人都在竭力避免人员伤亡。清王朝还是正统的统治者，汉军为其效力，英勇杀敌，但是从不冲锋陷阵，保持着一个微妙的平衡。可是，就算不冲锋，清军依靠着先进的装备，依旧战无不胜，长此以往，不冲锋不再是一个命令，而是成为每一个士兵的习惯了。

可是这一切的平衡，都在平壤战争的时候被打破了。日本在明治维新之后经济迅速发展，国力增强，在军队的支出上也毫不含糊，日军的装备水平和清军几乎没有差别，或者说差别很小，打起来的话是势均力敌的。

在平壤战役中，日军和清军进行火力对射，双方不分高低，但是很快，他们的弹药就快耗尽了。为了取胜，他们便跳出战壕，手持刀剑冲向了清军的战壕。清军有个特点就是不能死，而日军也有个特点就是不怕死，所以纵然冲锋的士兵不断地被射杀，他们还是继续冲锋着。

如前文所述，日军的装备水平和清军差不多，所以一开始他们也是躲在战壕里持续地和清军对射的，战壕不比平地，双方都要消耗大量的弹药才能够杀伤对手，而在这个过程中，日军的弹药消耗殆尽，而清军剩下的弹药也不多了。当时的清军守将叶志超，也意识到了这一点。虽然日军冲锋路上会死伤无数，但是己方的弹药也快耗尽了，日军终究是会冲过来的，而当时的清军因为长期沉浸在先进火器的优越感之中，甚至都没有给士兵配备冷兵

北洋水师官兵合影

器，而是将负重全部给了弹药。真要被日军冲到了阵地里，那还不是被杀得干干净净？

权衡利弊之后，叶志超决定撤退。于是这一场仗根本没有打完，就以清军撤退而告终了。他们在火力和人数上都占优势，可是他们有两个致命的缺陷：必须依靠火器才有战斗力，而且不能死。这就造成了一种很讽刺的现象：清军是勇敢的，面对装备同样精良的日军，他们丝毫没有畏惧过，但是只要日军一冲锋，他们就要撤。

叶志超一路逃回了鸭绿江，其间损失了几千人，但大部队还是被叶志超带了回来。而接下来大大小小的战役，也都类似，只要对方一冲锋，清军必然后撤。

倒不是清军以及他们的将领怕死，而是他们根本不能死。清军的特点就是火力强大，但是军队不多，他们若跟日军拼命，先不说清军根本就不会使用冷兵器，就算是会，并且打赢了，将日军击退了，也必然伤亡惨重，到了那个时候，又怎能抵御列强？

一方面是希望保留手下的军队以稳固自己的地位，另一方面是为了长远考虑，李鸿章、曾国藩他们必须保全军队。于是，李鸿章出面去和日本人签署了《马关条约》，换来了暂时的和平。可是，甲午战争的失败，一方面暴露了经由洋务运动回光返照的清王朝的弊端，也大大加深了中国社会半殖民地化的程度；另一方面则使日本国力更为强大，得以跻身列强。经此一战，清王朝已经耗尽了元气，在接下来的十几年时间里，只是在苟延残喘而已。

第七节　清廷气数已尽

甲午战争失败，温子绍更多的是骂自己，他当时任旅顺船坞机器局总委员，管理军舰，整顿内务。虽然只是管理后勤工作，但是甲午海战他也参与了，却没能改变战败的局面。眼见邓世昌、左宝贵、丁汝昌等同僚英勇就义，从容赴死，他痛心疾首。

英雄并不惧怕死亡，可牺牲了却没有得到想要的胜利，这何尝不是一种悲哀呢？尤其是像丁汝昌、刘步蟾等人，是在绝望之中自杀的，更是多了几分悲凉。

温子绍每每望月感慨，总生出无限的惆怅。他一腔热血报国，踌躇满志，以为洋务运动可以救国，却没有想到最后竟然要面对如此彻头彻尾的失败。温子绍经常饮得大醉，他希望可以在酒醉中永远沉沦，活在虚幻美好的世界当中，不愿意直面现实的残忍。

更可恨的是，大清为了粉饰太平，营造一个太平盛世的假象，竟然不

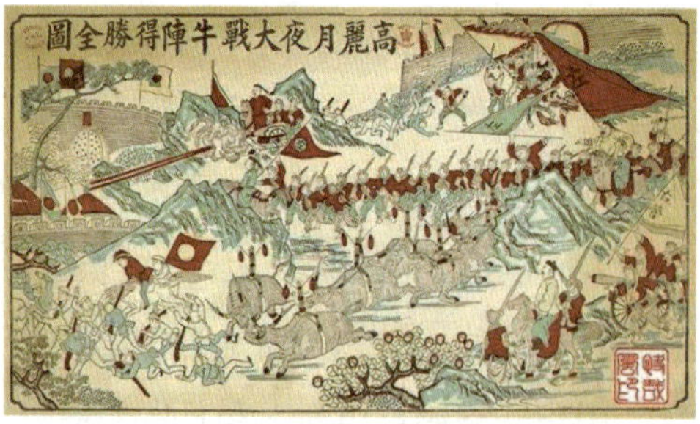

《高丽月夜大战牛阵得胜图》：清军巧用火牛阵首战击溃日军

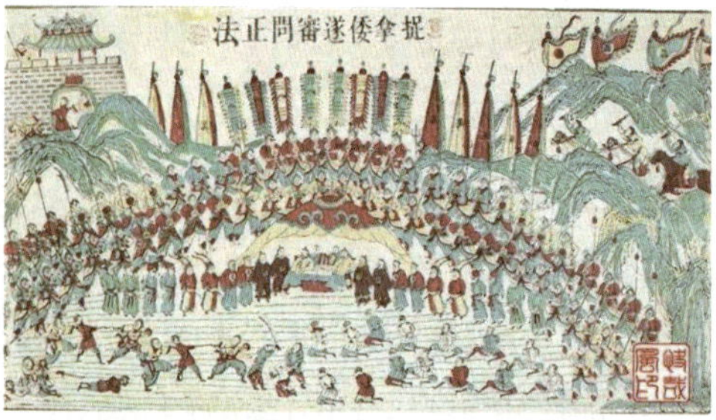

《捉拿倭遂审问正法》：大清营帐威风凛凛，将被俘日军斩首示众

《朝鲜水战得胜捷图》：陆战大胜，水战清军也大胜

《击毁倭舰图》：陆战在清军连连大捷中告一段落，海战中清军大显神威

《威海卫大战得胜图》：国人不堪回首的威海卫海战，居然是清军大胜

《迎迓李傅相》：文字显示，因为清军一路狂胜，日本终于顶不住乞和。在各国公使的恳请下，李鸿章相国很有气派地到日本谈判

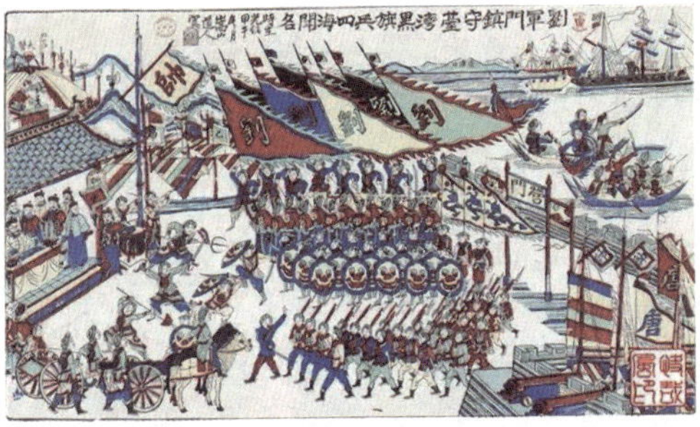

《刘军门镇守台湾黑旗兵四海闻名》：与此同时，战争还在进行，驻守台湾的刘永福将军率军严阵以待，四海闻名

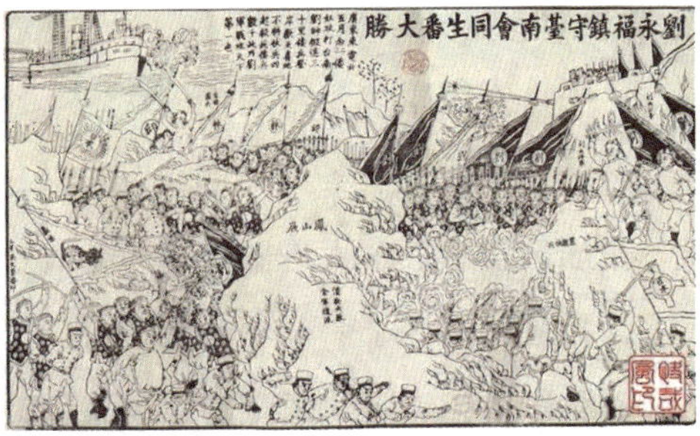

《刘永福镇守台南会同生番大胜》：与无能的日军交战了，自然结局是清军大胜

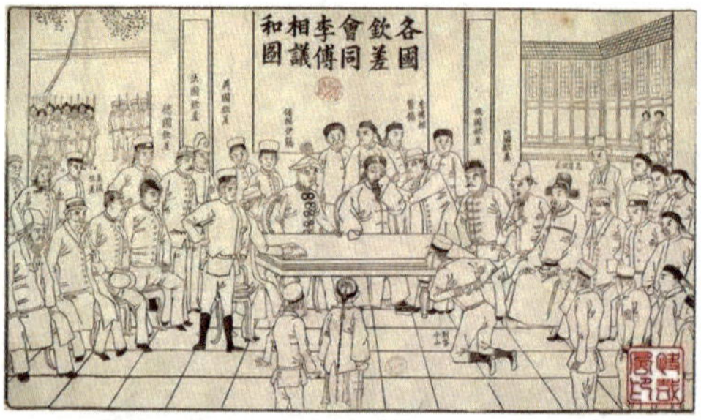

《各国钦差会同李傅相议和图》：李鸿章与各国钦差共审日本刺客，宽宏大度地签订了和约，日本举国感激

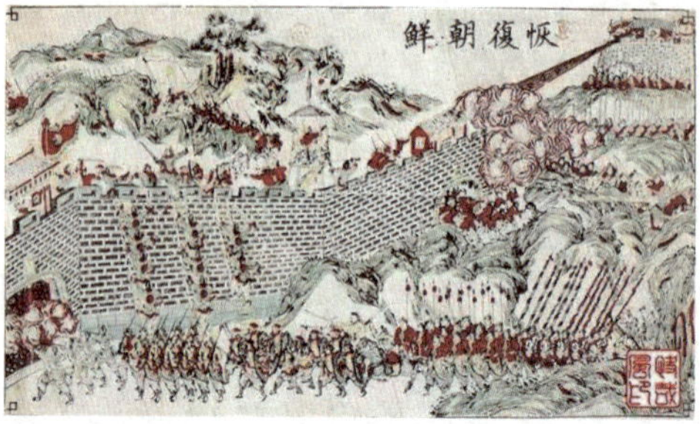

《恢复朝鲜》：朝鲜在清军一连串大捷之后，终于赶走了日军，恢复了国土

去反思失败的根源，而将大清全军覆没的甲午战争，宣传成一场大清百战百胜、水陆两军完胜日本的战争。

由大英图书馆在1895年收购并珍藏至今的一套版画，题材很震撼——“甲午战争全过程”。作者均是清末文人画师，有的出自当时影响最大的时事画报《点石斋画报》，有的出自上海的知名年画店铺。这批清人创作的时事画报，在当年就是名副其实的政府新闻宣传作品。

除了官府粉饰太平，文人意淫，更让人惊讶的是：所谓的牙山大捷、凤凰城大捷、水战大捷等一连串辉煌至极的胜利，都是出自前线将领的虚假战报！甲午战争结束后半年，竟然还有很多内地官员都不知道发生过这场战争！

就在甲午战争结束后不久，一个名叫堀口的日本外交官来到湖北武汉附近的沙市，依照条约为即将开设的领事馆选择地址。可他居然发现，当地官员居然没有一个人理解他是来干什么的。难道他们没有接到北京的公文吗？最后堀口得知了一个令他无法理解、无比骇异的事实：这些清朝官员居然没有一个人知道之前发生的那场甲午战争！

1895年，温子绍奉粤督李瀚章委任为无烟火药局总监工委员。温子绍只能将一颗心都放在了广州无烟火药的研究中，努力让自己不问世事，以此来逃避现实的残酷。可是没有想到不到一年时间，他连逃避现实的机会都没有了。因为经费不足，两广总督谭钟麟不但驳回了他争取经费研制火药的奏章，甚至还让火药局停办。温子绍自是十分伤心，也不再醉心洋务运动，只身一人离开火药厂，回到了顺德。

这一路，他风尘仆仆，背影非常萧瑟。年近古稀的老人，想要救国却是无能为力，那一腔的热血无处安放。他步履蹒跚，心中惆怅，眼见百姓民生凋敝，满目疮痍，更觉得痛心。他只想早些回到顺德，回到那片自己最初的土地。他在外游历多年，也到了落叶归根的时候，至于大清的未来，他看不到，也不能再救了。

第八章

梦碎归家

甲午战争失败标志着清朝历时三十余年的洋务运动的失败，取得的近代化成果化为乌有，打破了近代以来中国人民对民族复兴的追求。割地赔款，主权沦丧，便利列强对华大规模输出资本，掀起瓜分狂潮，标志着列强侵华进入了一个新阶段，大大加深了中国的半殖民地化，中国的国际地位急剧下降。甲午战争直接导致中国人民挽救民族危亡的运动高涨，资产阶级掀起了维新变法运动和民主革命运动，中国人民自发反抗侵略的斗争高涨。

第一节　修建名园

中国在甲午战争中的失败对温子绍的打击非常沉重，他一生的理想就是制造武器富国强兵，打败入侵中国的列强，而这个理想和北洋舰队一起沉入了大海。温子绍带着无尽的忧伤和失落回到了家乡顺德。

回到顺德之后，温子绍做的第一件事情是花费不少精力修建了一处园林。

岭南私家园林多是以第宅庭院形式出现，布局紧凑，尺度不大，内涵丰富，意在营造温馨恬适的家庭生活氛围，由于其空间布局是以建筑围合庭院为主，具有很强的实用性。岭南传统园林的园内空间，虽然也是围合封闭的，但在景观的组织和视线的组织上，将园内外空间有机地结合在一起，借助园外景色，达到丰富空间层次的效果，产生空间的扩散感。这类园林大多利用环境景观最好的面向，采取开敞的方式进行布局，园林的边界常建有假山、楼阁，且较多借用水面，利用水面平坦开阔、视野宽广的特点扩大视域范围，以含蓄、秀美为胜，讲究意境深邃，以增添园林魅力。

在岭南园林中，为取得良好的通风条件，常设置一个比较开阔的庭院，建筑环绕庭院建造可达到此目的，因此，以庭院为中心，绕庭院而建的布局方式也就成为岭南园林建筑布局的特色。造园用地虽然不多，但通过园内石沼桥廊、古木花藤，增添了园内幽深别致之气氛，形成了“满院绿荫人迹少，半窗红日鸟声多”的独特造园风格。由于造园规模较小，岭南私家园林在园林欣赏方式上以静观近赏为主，动观浏览为辅，所以装修、装饰精美华丽，大量运用木雕、砖雕、陶瓷、灰塑等民间工艺，门窗隔扇、花罩漏窗等都精雕细刻，再加上套色玻璃做成的纹样图案，在色彩光影的作用下，犹如一幅幅玲珑剔透的织锦，建筑色彩绚丽，不同于江南私家园林所追求的清水芙蓉、自然纯真之美，自然素朴。这种造园的性格与文人士大夫的隐退思想有关。

温子绍修建的这处园林名叫湛华园，就具有这些岭南私家园林的特色和内涵。湛华园在1896年落成，据说所有的温家人都住在里面，每一个人都有每一个人的院子，繁华程度轰动一时，而且在那个时代已经有了电灯和水龙头，连文人居廉也专程前来写了“温氏十景”。[①]

湛华园里园林众多，每一处园林都有自己不同的特色，温子绍和所有的妻儿同居于此，其乐融融，钟鸣鼎食之家，大抵便是如此模样。

此外，温子绍还在湛华园新屋兴办了广生堂药店赠医赠药，倡建联济善堂施衣施食和棺木。

温子绍在家乡大做善事的举动，其实也与同时代很多退隐家乡的官宦赈灾救荒、济贫扶困的想法很契合。恤贫济困是中国慈善事业传统善举之一，赈灾救荒之策主要靠政府蠲免，次则依赖民间善人的各种善举。在传统社会里，传统慈善方式受宗族、地域观念影响，亲缘、地缘及业缘色彩较浓，其慈善救济的范围多囿于同宗、同乡或同行，如开展急赈、冬春赈等。慈善家群体的形成，是近代慈善事业兴盛发达的重要标志。

施医给药之善举，自汉魏以降，已屡见于僧人、佛寺及其主持的慈善机构中。至宋明时期创设惠民药局，这种慈善医疗机构很快遍及各州县，然入清后却渐废不存，施医赠药之义举便融入某些综合性善堂善会。在古代社

---

① 《温氏光禄祠颐光堂家谱》有载。温子绍孙子温少曼绘有《温子绍故居忆绘图》，里面标示每一个夫人及儿子住处。

前堂迎宾

中园休憩

东厢待客

后堂娱宾

修读西厢

后园一隅

厢房内貌

书斋前景

香港档案馆珍藏的温氏十景的其中八景（高剑父老师居廉所画）

会，虽然赈灾恤贫、育婴安老等善行义举连绵不断，但只归属于临时性的施善活动。近代中国的天灾人祸交乘而至，接踵相继，民众不堪其苦。由此，解决这些困境中民众的基本生存问题依然十分迫切，故慈善救济仍为近代慈善事业的重头戏，恤贫济困、赈灾救荒、施医给药等内容便不可或缺了。

面对频仍的灾荒，晚清政府已无能为力，民间社会便跃上近代慈善事业的舞台，逐渐居慈善救济活动的主角地位。严格地说，晚清年间还处于传统的"善举"时代，施善者也还是分散的个体，即所谓的"善人""善士"。近代时期，由于灾祸连绵以及各种社会矛盾日益突显，慈善救济迫切，近代慈善事业已不再限于单纯的赈灾救荒、济贫扶困，而扩展到慈善医疗、慈善教育等方面，内容十分丰富。清末著名慈善家经元善、郑观应都是受其父的熏染，最终毕生致力于慈善救济事业。经元善早年在上海经商时就主持同仁辅元堂，后又"时怀家国思想……复爱怜平民"，矢志于慈善事业，"以全父志"；郑观应之父郑文瑞家居时"筹置义田，兴立善堂。地方公益：若水利，若桥梁，若义仓，或创或因，无不尽力乐输，殚心规画"。这种言传身教对他们影响极深，他们在办慈善时都将无私奉献的高尚道德奉为圭臬，时时铭记，并以不图虚名、不享利禄相自勉。[①]

温子绍着力扶助弱者的慈善举措，其实跟同时代著名慈善家经元善、郑观应的做法有相似之处，达到了慈善事业博施济众的目的。

温子绍一生主张科技兴国，虽然洋务运动的失败给了他很大的打击，但是一生不曾改变自己的志向，所以他定堂名为兴艺堂，死后华表，一只手拿书本，一只手拿笔，留书"为此二物，乃救中华"。

---

① 周秋光、曾桂林：《中国近代慈善事业的内容和特征探析》，载《湖南师范大学社会科学学报》2007年06期。

第二节　自制“火箭”

湛华园基本完工后，温子绍便开始着手进行另外一项研究——自制火箭。

准确地说，火箭是由中国人发明的，中国是古代火箭的故乡。“火箭”这个词在公元3世纪的三国时期就已出现。公元228年，魏国第一次在射出的箭上装上火把，当时蜀国丞相诸葛亮率军进攻陈仓（今陕西宝鸡东），魏国守将郝昭就用火箭焚烧了蜀军攻城的云梯，守住了陈仓。“火箭”一词自此出现。不过当时的火箭，只是在箭头后部绑附浸满油脂的麻布等易燃物，点燃后用弓弩射至敌方，达到纵火目的的兵器。

温子绍的火箭，同传统的火箭有着非常大的差距。古时候的火箭只是用作攻击的兵器，温子绍想要制造的火箭，和这种全然不一样。他打算利用自己这些年的所学，让火箭的射程更远，更具有杀伤力。此事情详细记载在《温氏光禄祠颐光堂家谱·温殷宝列传》中的《张有夫妇与我家阿妈》一文中。

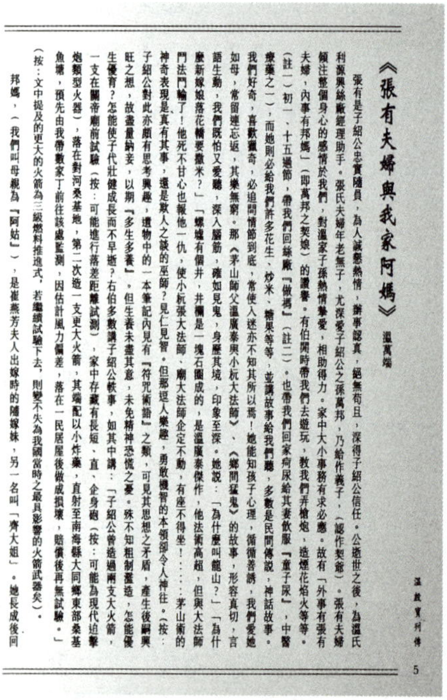
《張有夫婦與我家阿媽》　溫萬端

張有是子紹公忠實隨員，為人誠懇熱情，辦事認真，絕無苟且，深得子紹公信任。公逝世之後，為溫氏利源興絲廠經理助手。張氏夫婦年老無子，尤深愛子紹公之孫萬邦，乃給作義子，（認作契爺）。張有夫婦傾注整個身心的感情於我們，對溫家子孫熱情摯愛，相助得力。家中大小事務有求必應。故有「外事有張有夫婦，內事有邦媽」（即萬邦之契娘）的讚譽。有伯閒時帶我們去遊玩，教我們弄槍炮，造煙花焰火等等。（註一）初一、十五過節，帶我們回絲廠『做禡』（註二）。也帶我們回家疴屎給其妻飲服『童子屎』，中醫療藥之一），而她則必給我們許多花生、炒米、糖果等等，並講故事給我們聽，多數是民間傳說，神話故事。我們好奇，喜歡獵奇，必追問情節到底，常使入迷亦不知其所以焉！她能知孩子心理，循循善誘，我們愛她如母，常留連忘返，其樂無窮。那《茅山師父溫廣泰與小杭大法師》、《鄉間猛鬼》的故事，形容真切，言語生動，我們既怕又愛聽，深入腦筋，確如見鬼，身歷其境，印象至深。她說：「為什麼叫龍山？」「為什麼新嫁娘落花轎要撒米？」「螺墟有個井，井欄是一塊石鑿成的，是溫廣泰傑作，他法術高超，但與大法師門法門輸了！他死不甘心也報他一仇，使小杭張大法師、廟大法師企定不動，有座不得坐！……茅山術的神奇表現是真有其事，還是欺人之談的巫師？見仁見智。但那逗人樂趣，勇敢機智的本領卻令人神往。（按：子紹公對此亦頗有思考興趣，遺物中的一本筆記內見有『符咒術語』之類，可見其思想之矛盾，產生後嗣興旺之想，故盡量納妾，以期『多生多養』。但生養未盡其意，未免精神恐慌之憂。殊不知粗制濫造，怎能優生優育？怎能使子代壯健成長而不早逝？右伯多數講子紹公軼事，如其中講：「子紹公曾造過兩支大火箭，一支在關帝廟前試驗（按：可能進行落差距離試測），家中存藏有長短、直、企身砲（按：可能為現代迫擊炮類型火器），落在對河桑基地，第二次造一支更大火箭，其端配以小炸藥，直射至南海縣大同鄉東部桑基魚塘，預先由我帶數家丁前往該處監測，因估計風力偏差，落在一民居屋後做成損壞，賠償後再無試驗。」（按：文中提及的更大的火箭為三級燃料推進式，若繼續試驗下去，則變不失為我國當時之最具影響的火箭武器矣）。邦媽，（我們叫母親為『阿姑』），是崔燕芳夫人出嫁時的隨嫁妹，另一名叫「齊大姐」。她長成後同

溫殷寶列傳　5

《张有夫妇与我家阿妈》（节选自《温氏光禄祠颐光堂家谱》）

温子绍自中日甲午海战失败后，在广州创办无烟火药厂，一年后谭钟麟以经费不足为由裁撤后归乡。但温子绍对甲午战争的失败及我国武器落后导致被外强欺凌仍耿耿于怀。他早年自费留洋，具有比较超前的国际视野，因此试图通过不断的试验，希望创造出更厉害的武器，为国家改变积弱的命运。他时刻在寻找各种可行而有效的办

法，以期能以奇兵（器）御敌，达到杀敌于无形的效果。

1897年初，温子绍用小量的火药压制在一支进口水管（来自造湛华园时剩下的进口厚水管）内，箭身加以定风设备等设施[①]后点燃，利用后助力推进，成功地在龙山竹桥头射到龙山排涌大河，射程800—1000米。在首次成功后，温子绍加以总结和分析：假如两军对垒，较远的射程占有很大的优势。但出现的问题是：射程远肯定要充装更多的火药，而一次充装太多的火药，点燃会有就地爆炸的危险，而且不可能有持续的行程。

于是他分别制造了两支大小不一的火箭，以期获得有关的射程对比数据。这两支火箭里，短的一支是比上一次试射的加强了，做成两节，把两个燃料仓用凹凸榫相互扣紧，第二节燃料仓用模具磨细紧扣第一节，为了便于分离，留适当空隙并用特殊物质加以固定。在第一节烧完后，火药引线随即引燃连通贯穿的第二节燃料仓，第二节马上发生爆燃，把套住的第一节射走并继续推动火箭运行前进。另一支为了得到更好的效果，采用更大胆的三节燃料仓，并在“其端配以小炸药”。

1897年8月14日早上7时许，温子绍在龙山关帝庙前试验发射并获得成功，射程到达南海九江桑基地；第二支同在龙山关帝庙前试射，但温子绍没有考虑到长距离火箭运行中，风力的作用是巨大的，导致火箭运行轨迹的严重偏差，结果偏离了原定目标位置——大同乡东部桑基地，射到了20多公里外的南海县大同乡东北部的一民宅处，导致该处民宅屋后严重的损坏。经协商赔偿巨款后，温子绍恐怕伤及无辜就再无试验，实属可惜。[②]

据有关资料记载，中国直到1956年才正式开始展开现代火箭的研制工作。1964 年6月29日，中国自行设计研制的单级中程火箭试飞成功之后，随即着手研制多级火箭，经过了五年的艰苦努力，1970年4月24日“长征1号”三级运载火箭诞生。

---

① 其设备制作具体如何定风定向没有详细记载。

② 温子绍研制火箭之事，目前仅见于《温氏光禄祠颐光堂家谱》。

温子绍的“三级分离火箭”相比现代的火箭可以说算是比较原始。温子绍的火箭，虽然最后无声无息，甚至不被后人所知而淹没在浩瀚的史海中，但他的这种敢为天下先的创新精神和心系国家安危的爱国主义精神，值得我们后人景仰和学习。

第三节 怅忆一生

1907年，清光绪三十三年，温子绍于家中染疾而亡。死前吟诵李鸿章的绝笔诗：“劳劳车马未离鞍，临事方知一死难。三百年来伤国步，八千里外吊民残。秋风宝剑孤臣泪，落日旌旗大将坛。海外尘氛犹未息，诸君莫作等闲看。”这首诗诉说着当时中国的现状，也诉说着自己无力救国的哀伤，当然还怀揣着最后的希望。

温子绍世代书香，其父温承悌和爷爷温汝适都曾在朝为官，爷爷温汝适曾任上书房行走、国子监祭酒等官职。在这样的一个环境中长大，耳濡目染，自然眼界和寻常人家的小孩有非常大的不同。

其后温子绍也读四书五经，但是和传统的文化知识相比，他更喜欢学习西方的机械制造，并且花费了不少的心思用于研究。在其弱冠之龄的时候，就有不少人知道温家七少爷的聪慧。而他其后也有了出洋海外的求学机会。

在那个闭塞的时代，很少有人家会把自己的孩子送出国历练学习，尤其还是自费出国。但是在知道自己孩子喜欢洋务，打算用洋务来御敌救国之后，温承悌还是愿意花费重金将自己的孩子送往意大利求学。

可以说正是这次的意大利之行，让温子绍的眼界得以扩展。他之前虽然在《海国图志》等书上了解过外面的世界，也曾经见识过西方的坚船利炮，但是只有在实地考察之后，才知道中国和他们之间的差距有多么巨大。而在那个时候积累的先进知识，也为之后研制机械创造了一定的条件。

回国，温子绍声名大噪。连广州十三行的陈澹浦都专程递了书信约他到十三行见面。两人一起研制中国近代第一辆缫丝机。此缫丝机乃是中国第一辆自主研制成功的蒸汽缫丝机。当时有不少人都不看好，但是在各种质疑声中，温子绍和陈澹浦还是完成了这一具有跨时代意义的杰作。

其后温子绍回到顺德，大量开办缫丝厂，推动了顺德手工业的发展，而且绝不用一洋人，解决了不少民众的生计问题，甚至还引发了重大的社会现象，让顺德兴起了“自梳女”，提高了妇女的地位，这在封建朝代是非常难得的一件事情。而顺德的手工业直接孕育了民族资产阶级和无产阶级，为后来的辛亥革命乃至五四运动都提供了主力军。

待缫丝厂走上正轨之后，温承悌便询问温子绍日后的打算，温子绍希望能够为官。他眼见列强仗着船坚炮利就对中国发动侵略，这一口气他没有办法咽下，他学习西学也是希望可以师夷长技以制夷，痛击列强，让他们从中国的土地上离开。

温承悌佩服儿子的想法，所

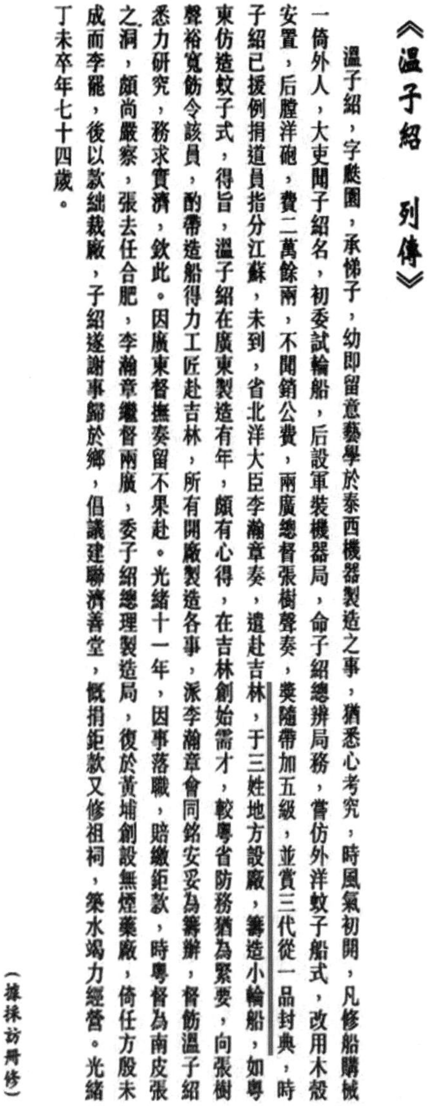
《溫子紹　列傳》

溫子紹，字麒圃，承悌子，幼即留意藝學於泰西機器製造之事，猶悉心考究，時風氣初開，凡修船購械一倚外人，大吏聞子紹名，初委試輪船，后設軍裝機器局，命子紹總辨局務，嘗仿外洋蚊子船式，改用木殼安置，后膛洋砲，費二萬餘兩，不聞銷公費，兩廣總督張樹聲奏，奬隨帶加五級，並賞三代從一品封典，時子紹已援例捐道員指分江蘇，未到，省北洋大臣李瀚章奏，遣赴吉林，于三姓地方設廠，籌造小輪船，如粵東仿造蚊子式，得旨，溫子紹在廣東製造有年，頗有心得，在吉林創始需才，較粵省防務猶為緊要，向張樹聲裕寬飭令該員，酌帶造船得力工匠赴吉林，所有開廠製造各事，派李瀚章會同銘安妥為籌辦，督飭溫子紹悉力研究，務求實濟，欽此。因廣東督撫奏留不果赴。光緒十一年，因事落職，賠繳鉅款，時粵督為南皮張之洞，頗尚嚴察，張去任合肥，李瀚章繼督兩廣，委子紹總理製造局，復於黃埔創設無煙藥廠，倚任方殷未成而李罷，後以款絀裁廠，子紹遂謝事歸於鄉，倡議建聯濟善堂，慨捐鉅款又修祖祠，築水竭力經營。光緒丁未卒年七十四歲。

（據採訪冊修）

《温子绍列传》（摘自《温氏光禄祠颐光堂家谱》）

以就让温子绍走上了为官之路。其后温子绍在十三行自主研制七响连环快枪，这次研制正是两广总督给他的一个试炼，倘若成功的话，必有重用。温子绍不负众望，在一年多的沉寂之后，终于成功研制了连环快枪，震惊海外，其后在广东机器局任职。

广东机器局，可谓是在温子绍和两广总督瑞麟的共同努力下，一手开办起来的。从选址到机器引进，再到招聘工人，温子绍事必躬亲，很快就在广东建起了第一个兵工厂。兵工厂建立之初，受到了不少人的质疑。因为兵工厂竟然无一外国工人，从上到下所用工人都是中国人。这样的举动，在当时的中国绝对是前无古人的。就连李鸿章的江南机器制造总局也要聘用外国人作为顾问，可是温子绍却坚信外国人可以做出来的东西，中国人一样可以做得出来。

温子绍在兵工厂十三年，每日工作都是兢兢业业，原先打算看笑话的洋人们都纷纷感慨，说这所兵工厂的总办温子绍“精于机器，善于发明”。工厂不光生产温子绍研制的连环快枪，还生产“猪仔脚”手枪。

之后的几年，温子绍更是革新技术，拓展研发领域，不但生产枪械，更涉猎炮弹制造、修补船只等诸多方面，取得了不少让人惊叹的成绩。广东兵工厂从一开始筹集经费就非常困难，温子绍想了很多办法，在不影响生产的前提下，节约成本。

据统计到19世纪70年代末期，兵工厂不但可以仿造各种西洋手枪，而且能制造当时最为先进的格林炮。因为其不但制作精良、使用灵便，而且物美价廉，受到各省的推崇，有的省份竟派人远赴广东购买。

此外温子绍还肩负督造水师战船的重任，在任期间共督造了22艘战船，质优价廉，让洋商也为之惊奇。山东、江苏、云南、贵州等地的官员，甚至还包括一部分越南的官员，都时常邀请温子绍督造战船。

之后温子绍更是自主研制蚊子船海东雄号，这艘战船在中国近代的意义也是非比寻常的。它是中国人自行研制成功的第一艘近海战舰，而且成本不过3.39万两白银。而同期从外国引进的蚊炮船基本造价在15万两白银左右，海东雄号炮舰成本不到外国蚊炮船的四分之一，而主要性能不相上下。其后这艘蚊子船一直在广东水师服役，待到民国年间才因为年久失修等原因退役。

温子绍之后因为得罪当地权贵被诬陷叛国，张之洞以“虚靡罪”暂保其性命，然后收集资料为其平反。温子绍被迫回到顺德，却没有因为此事而消沉，在经营缫丝厂的同时，更是帮扶乡里，造福一方。

平反后带子北上北洋，被委任为旅顺船坞局机器总委员，管理军舰，整顿内务，一直竭心尽力。但是由于当局腐败成风，温子绍仅仅能够勉强独善其身，根本不能扭转局势。在甲午战争战败之后，经营无烟火药局，也终究因为经费不足而倒闭。在这样的情况下，他回到了顺德。

温子绍回到顺德之后，一面对洋务运动痛定思痛，一面继续从事研究，从其研制火箭一事就可以看出一二。

晚年的温子绍在目睹了甲午战败和庚子事变之后，终于认识到了朝廷的腐败。面对疮痍满目的中国，他只能尽自己最大的努力，帮助乡亲和有困难的民众。一直到临死前，都还是盼望着能够将列强赶出中国的土地。

温子绍的一生，少有凌云之志，壮有经天纬地之才，年老也可帮扶乡里。时时关心国家大事，事事敢为天下先。有诗云：

顺德一日飘瑞雪，浴火重生温七郎。
鸿鹄之志迷枪械，自强之路炮火扬。
孜孜以求广见闻，救国之途师夷长。
研究缫丝强实业，探索快枪增国防。
北江水患修堤坝，为御外辱办工厂。
仿制战舰为领海，虎门试航引赞赏。
忠心一片天可鉴，怎奈乌云遮庙堂。
惨遭陷害免冠去，一介布衣忧君上。
平反昭雪再北上，雄心万丈重起航。

怎奈清廷气数尽，甲午一战输精光。
弱国外交遭人辱，戊戌维新难安邦。
覆巢之下无完卵，哀民之艰心悲凉。
临终唯憾国贫弱，后人凭吊空怅惘。

历史学家认为，温子绍出生于洋务运动时期，历史成全了他，他也在历史的大潮中顺势有为。温子绍一生致力于近代机械工业，他参与创办了近代广东由国人自办的最早一批军用和民用近代企业，拉开了中国资本主义生产方式的序幕。这些企业涉及军事、工矿、交通运输等方面，在中国当时初步发生和发展的近代生产方式中，占有重要地位。从产生时间上看，虽迟于外国在华资本所办的近代企业，但比商办企业要早；从生产规模和资本总额来看，不仅远超过当时的商办企业，而且优于外国资本的在华企业。

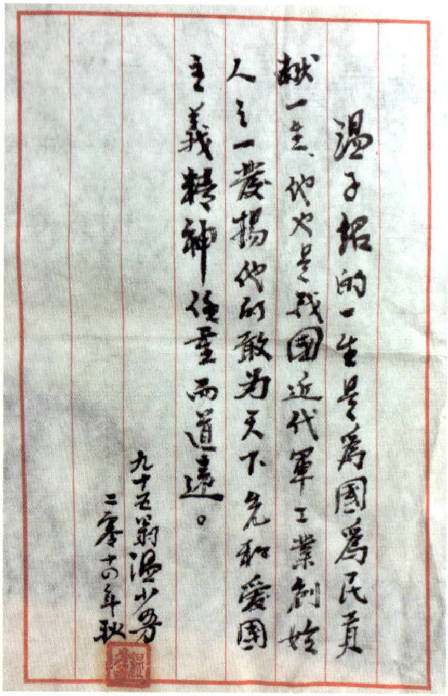
溫子紹的一生是爲國爲民貢獻一生，他是我國近代軍工業創始人之一。發揚他的敢爲天下先和愛國主義精神任重而道遠。
九十五翁溫少曼
二零一六年秋

评温子绍一生（温少曼字）

温子绍的事业促进了广东民族资本主义的发展，虽然这些近代企业有不少的缺陷，但它们毕竟是近代广东乃至中国最早的一批具有资本主义性质的企业。这些企业的举办鼓励和刺激了一批中国人投身近代企业，促进了近代中国民族资本主义的发展。特别是在洋务派创办民用企业的过程中，实行官督商办和官商合办的方式，并给这些企业以税厘上的减免、资本招收等方面的支持，这都在客观上促进了民族资本主义的早期发展。

温子绍所兴办的工业、文化教育等各项事业在当时都是不同于传统的新生事物，在一定程度上起了破祖宗成法、开风气的作用，同时传播西方科学技术知识和社会学说，促进了近代中国人的观念和习俗变迁。首先，中国人重农抑商的观念得到了改变，重商主义受到许多人的青睐，商人和商业的社会地位明显提高。其次，对外观念也发生了重大变化。许多中国人改变了传统的“夷夏”观念，正确认识到了中国在世界上的地位以及西方文化的价值，认识到向学习西方的重要性。最后，近代西方物质文化的大量传入，对中国人的习俗也产生了很大的影响，特别是在开风气之先的通商口岸和沿海地区，不仅出现了一些新兴事业，而且使人们的观念和习俗发生了变化。

温子绍的军工企业使中国的国防水平发生了一次大飞跃，并在抵抗外来侵略上起到了一定作用。温子绍在求富的口号下举办民用工业，同时还具备“稍分洋商之利”的民族意识，而轮船招商局等民用工业在抵制外来经济侵略、收回国家利益方面起了一定的作用。

温子绍的一生对刷新广东的政治风气也产生了积极作用，他在举办各种洋务事业的同时，还设立了一系列新式机构，对新生事业采取新的管理政策，促进了生产力的发展，为后来广东的发展铺垫了道路。

附录一　中国近代兵工生产概况①

中国近代用机器制造枪、炮、弹、药等兵器的工业生产是近代西方科学技术和现代军事科技传播到中国的产物，也是中国近代用机器制造武器的中国近代军事工业中最先建立的部分。1864年4月，江苏的苏州炮局开始用机器制造兵器，标志着中国近代兵器工业的诞生，也标志着中国近代军事工业的诞生。中国近代军事工业开中国近代工业的先河，这就意味着中国的工业从此由手工业阶段进入机器工业阶段。

一、近代兵工生产历程简述

中国近代兵器工业始建于第二次鸦片战争之后。晚清时期，清政府先后建立近代兵工厂29 个（其中3个主要制造和修理舰艇，兼造兵器），分布在沿海和内地的17个省。清政权结束时尚存15个。民国时期，近代兵器工业有了大的发展。清代延续下来的近代兵工厂、北洋政府和国民政府新建的近代兵工厂、地方军阀建立的近代兵工厂共计87个；兵器科研机构和兵工专门学校开始建立；作为中国近代兵器工业一部分的中国共产党领导的人民兵工于1931年诞生。抗日战争中，国民政府管辖的兵工厂和共产党领导的兵工厂制造的兵器，分别供应抗日战争的正面战场和敌后战场，支撑着反抗日本侵略

① 本文选自王兆春：《中国火器通史》，武汉大学出版社，2015年。

的持久战争，直到取得抗日战争的最后胜利。解放战争中，国民政府管辖的近代兵工厂，除迁到台湾的，都相继被中国人民解放军和人民政府接管。被接管的兵工厂和人民兵工厂统一整合，成为新中国兵器工业的基础。

封建社会始终存在着人民群众同封建主义的矛盾，鸦片战争后又增加了中华民族同帝国主义的矛盾。以太平军为代表的农民起义被镇压下去后，外国侵略势力对中国的侵略和侵略威胁加紧，中华民族同帝国主义的矛盾上升为主要矛盾。清朝的封建统治者根据形势的变化，提出相应的对策。在太平军势力强大的时候，1861年1月，总理各国事务大臣恭亲王奕䜣等人上奏说："就今日之势论之，发、捻交乘，心腹之害也；俄国壤地相接，有蚕食上国之志，肘腋之患也；英国志在通商，暴虐无人理，不为限制则无以自立，肢体之患也。故灭发、捻为先，治俄次之，治英又次之。"①在太平天国的首都天京（今南京）被清军重重包围的时候，1864年5月，奕䜣等人上奏说："现在江浙尚在用兵，托名学制以剿'贼'，亦可不露痕迹，此诚不可失之机会也。若于'贼'平之后始筹学制，则洋匠虽贪重值而肯来，洋官必疑忌而阻挠，此又势所必至者。是宜趁南省军威大振，洋人乐于见长之时，将外洋各种机利火器实力讲求，以期尽窥其中之秘，有事可以御侮，无事可以示威。"②农民起义被镇压下去后，外国的侵略威胁凸显出来。1866年4月，同治皇帝发出上谕："因思外国之生事与否，总视中国之能否自强为定准"，"应如何设法自强使中国日后有备无患，并如何设法预防俾各国目前不致生疑之处"，着官文（湖广总督）、曾国藩（两江总督）等10个督抚专折密奏。③再次表明"自强"是为了防御外国侵略。

早在1861年1月，奕䜣等人就根据当时形势向咸丰皇帝提出："探源之

---

① 《筹办夷务始末》（咸丰朝），卷七十一。
② 《筹办夷务始末》（同治朝），卷二十五。
③ 《洋务运动》（一），第15页。

策，在于自强；自强之术，必先练兵。”[①]1862年，他们又向同治皇帝提出“自强以练兵为要，练兵又以制器为先”，把制造先进武器作为实现国家自强的第一步。1862年11月17日，同治皇帝发出上谕，要求各通商口岸，“认真学习洋人制造各项火器之法，务须得其密传，能利攻剿，以为自强之计”[②]，从此开始了学习制造西方先进武器以求强的活动。这一活动称为自强运动，亦称洋务运动。上述清政府根据形势采取的对策，都是在“自强”目标下进行的。

清政府建立近代军事工业是在外国的侵略和侵略威胁下被迫进行的。经过三个阶段的建设，建成了中国近代军事工业（包括近代兵器工业和近代舰艇工业）。在没有机器制造知识的情况下，1864年至1873年间，在海防和边防地区摸索建立了苏州炮局、江南制造局、福州船政局、天津机器局、西安机器局、福建机器局、天津行营制造局、广东机器局8个近代兵工厂和近代舰艇制造厂。这些厂最初的规模都很小，能仿制简单的兵器或舰艇。生产所需的机器和原材料几乎全部购自外国，生产技术主要依靠聘用外国人。

1874年5月，日本借口琉球船民在台湾番社被高山族人所杀，派兵进驻台湾番社。清政府要求日本兵撤走，但日本兵就是不撤。清政府自知没有实力把日本兵赶走，只得花50万两银子将日本兵请走。这件事给清政府的打击很大。同年11月，奕䜣等人上奏说，日本兵进驻台湾，明明是他们不对，但我们对付不了他们，只得让步了事。日本是个小国，我们都对付不了，西洋大国来侵犯，我们用什么来对付？因此，提出练兵、简器、造船、筹饷、用人、持久6条措施意见，请交滨江、沿海各省的总督、巡抚、将军在一个月内提出意见，再由在朝的大臣们商议处理。同治皇帝批准这一奏议，开始了一次海防问题大讨论。大讨论历时半年，收到意见书54份，统一了参加讨论的总督、巡抚、将军、大臣对加强海防的重要性和紧迫性的认识，提出了

① 《筹办夷务始末》（咸丰朝），卷七十二。
② 《筹办夷务始末》（同治朝），卷十。

许多加强军事工业建设的意见和建议。海防问题大讨论后，不仅滨江、沿海省份加强了军事工业建设，内地省份也开始建立近代兵工厂。1884年中法战争前，扩建和调整了已建成的近代兵工厂，新建了乌龙山机器局、湖南机器局、广东军火局、山东机器局、四川机器局、大沽船坞、吉林机器制造局、金陵制造洋火药局、神机营机器局、浙江机器局、云南机器局11 个近代兵工厂，近代兵器工业初具规模。

1884年，中法战争爆发。云南边境、福建海军、福州船政局、台湾遭到法军的攻击，损失很大。1894年，爆发中日甲午战争。北洋海军全军覆没，旅顺、威海卫被日军占领。清政府被迫同日本签订《马关条约》，向日本割让台湾、澎湖，给予巨额赔款和一些特权。中法战争和中日战争失败后，清政府一再加强军事工业建设。1900年八国联军入侵前，已建成的主要兵工厂得到扩建，新建了台湾机器局、广东制造枪弹厂、湖北枪炮厂、陕西机器局、河南机器局、新疆机器局、湖北钢药厂、山西机器局、贵州机器局9个近代兵工厂。奉天（今辽宁）、黑龙江、广西、江西、湖南等省也准备建立近代兵工厂，但因经费困难，没有建成。至此，先后共建近代兵工厂28个，外国常用的兵器开始能够制造，机器、原材料、技术人才开始争取自给。中国近代兵器工业初步形成。

1900年，英、美、日、俄、德、法、奥、意八国联军攻占北京、天津，毁坏了4个近代军工厂。清政府被迫同入侵者签订《辛丑条约》，向这些国家赔款银4.5亿两，两年内禁止向外国购买军火和制造军火的机器、材料。清政府的经济崩溃，并且制造武器的条件缺失，近代兵器工业呈现凋敝状态。1902年，直隶总督、北洋大臣袁世凯将被八国联军毁坏的北洋机器局的机器加以修理，并新购一批主要机器，在山东德州建立北洋机器制造局。晚清建立的近代兵工厂达到29个。辛亥革命前夕存在的15个近代兵工厂中，江南制造局、湖北兵工钢药厂、广东制造军械厂、四川兵工厂、北洋机器制造局5个主要兵工厂的年生产能力为：炮150门、机枪120挺、步枪46500支、炮弹10.8万发、枪弹6100万发、无烟火药216.5吨（金陵机器制造局在1910 年—

度撤销，未计其生产能力）。中国幅员辽阔，这么微小的兵器生产能力不足以供应国防的需要，而清代末年的实际产量还不到生产能力的一半，可见晚清时期的国力十分脆弱。

中华民国成立后，清末已是奄奄一息的中国近代兵器工业重新得到发展。其发展历程可分为三个时期。辛亥革命后到抗日战争开始前，中国处于割据状态。中央政府只控制少数几个兵工厂，每个军阀控制着一个到几个兵工厂。近代兵器工业无序发展，兵工厂的数量和兵器生产能力大大超过晚清鼎盛时期。封建割据地区的兵工厂不但数量多，而且有些厂的规模、产量、技术水平大大超过中央政府的兵工厂。比如，张作霖控制的东三省兵工厂、阎锡山控制的太原兵工厂的兵器（包括枪、炮、弹、药）产量比国民政府控制的最大兵工厂的产量多。军阀混战促进兵器工业迅速发展，也造成对兵器工业的破坏，并阻碍兵器制造技术的进步。在军阀混战中，清末5个主要兵工厂中的四川兵工厂、北洋机器制造局被完全破坏，广东制造军械厂被破坏一部分，湖北兵工钢药厂受到损伤。其他一些兵工厂也遭到不同程度的损害。为了眼前的需要，各兵工厂各自生产自己能制造的兵器，导致同样性能的兵器杂出，生产技术停留在原有水平。军阀控制的生产能力最大、技术水平最高的东三省兵工厂，在“九一八”事变中被日军占领。中央政府控制的生产能力最大的江南制造局在日本的压力下撤销。抗日战争开始前，全国的兵器产量虽比晚清时期有所增加，但内斗互相抵消，国家兵工实力增加不多。

国民政府开始建立兵器科研和检测机构，相继建有兵工研究委员会、理化研究所、应用化学研究所、弹道研究所、百水桥研究所、炮兵技术研究处、航空兵器技术研究处。这些科研机构都处于摸索阶段，无成就可言。

割据时期各种政治势力相互兼并，兵工厂逐步集中到国民政府手中。国民政府在军政部下设兵工署管理近代兵器工业。抗日战争开始后，仍然割据的省份都把所控制的兵工厂交给国民政府，一致对外。日本的侵略迫使兵工单位进行了三次大迁徙，跨省搬迁的单位达33个，其中11个单位跨省搬迁2次。大迁徙后，主要的兵工单位集中在陪都重庆及其附近的四川省江北县、巴县、綦江县、万县、泸县，同重庆原有的兵工厂组合，构建起以重庆为中心的集兵器生产、科研、专业人才培养、原材料生产于一体的重庆兵工基地。调整后，这个基地的兵器生产单位有第一工厂、第二工厂、第十工厂、第二十工厂、第二十一工厂、第二十三工厂、第二十五工厂、第二十七工厂、第三十工厂、第四十工厂、第五十工厂11个，兵器科研单位有应用化学研究所、弹道研究所2个，原材料生产厂有第二十四工厂、钢铁厂迁建委员会2个，兵工学校1所。后又在这个基地范围内新建兵器生产厂第二十六工厂、原材料生产厂第二十八工厂。在重庆兵工基地之外，云南、贵州、湖南尚有几个兵工署直属厂。山西、云南、新疆、甘肃、浙江等省各自办有1个近代兵工厂。

由于日军的封锁，制造兵器所需的机器和原材料难以进口，重庆成了“战争孤岛”。重庆兵工基地的员工在大后方人民的支持下，顶着日本飞机的轰炸和物资缺乏的困难，生产出大量兵器，支撑着抗日战争的正面战场。据兵工署统计，抗战大后方（主要是重庆兵工基地）生产的迫击炮、重机枪、枪榴筒、掷榴筒、枪榴弹、掷榴弹、手榴弹自给有余，其余兵器能自给40%—99%（不足部分是战前储备、抗战初期购买和封锁缝隙中运进）。

共产党领导的人民兵工在土地革命时期开始建立。1931年10月，中央红军在福建省兴国县官田镇建立官田兵工厂，标志着人民兵工诞生。各革命根据地都建有兵工厂。人民兵工的规模小，大都是修理军械的作坊，少数厂能生产一些简单的兵器。由于国民党反动派“围剿”，红军长征前已全部关闭或被毁。

国共两党联合抗日后，1938年10月，毛泽东在中共六届六中全会上提出：“每个游击战争根据地都必须尽量设法建立小的兵工厂，办到自制弹药、步枪、手榴弹等的程度，使游击战争无军火缺乏之虞。”（《革命根据地军工史料丛书·陕甘宁边区》第11页）从此，陕甘宁边区和各抗日民主根据地都建立了小型的近代兵工厂或兵器作坊，在极端困难的物质条件下，在日军的不时“扫荡”中，自制步枪、手榴弹、复装子弹，修理枪械。个别厂零星造出了步兵炮、迫击炮、炮弹、轻机枪、掷榴筒、掷榴弹、无烟火药等。1944年，新四军所用的手榴弹可以自给，迫击炮弹、枪榴弹、掷榴弹在材料不缺的情况下自给70%左右，步枪弹在有弹壳的条件下自给40%。抗日民主根据地的兵工厂制造和修理的兵器，有力地支持了敌后战场的游击战争。敌后的兵工厂很不稳定，敌人打来了就搬迁，被敌人毁坏了又重建。抗日战争胜利时，陕甘宁边区和各抗日民主根据地有固定厂房并有10部以上机器设备的近代兵工厂50 余个，兵工职工3万多人。

抗日战争胜利后，国民政府接收日伪兵工单位和日本赔偿物资，建立第六十工厂、第七十工厂、第八十工厂、第九十工厂4个新厂，扩建第十一工厂、第二十六工厂、第四十四工厂3个厂，充实第十工厂、第二十一工厂、第五十工厂3 个厂。1946年3月，国民政府对所属兵工厂进行大调整。调整后保留的工厂和分厂是第十一工厂、第二十工厂、第二十一工厂、第二十三工厂、第二十三工厂重庆分厂、第二十六工厂、第三十工厂、第三十一工厂、第四十四工厂、第五十工厂、第五十工厂忠恕分厂、第五十三工厂（以上是兵器生产厂）、第二十四工厂、钢铁厂迁建委员会（以上是原材料生产厂）。工厂和分厂总数为调整前的43.75%。保留的员工为调整开始时的60.72%。这次调整使兵器生产能力集中，专业化水平提高一步。

1946年6月28日，全面内战爆发。蒋介石宣称“5个月内打垮中共军”，但事实粉碎了他的美梦。辽沈、淮海、平津三大战役后，蒋介石集团见败局已无可挽回，便将一部分兵工单位迁往台湾。迁台的单位有第六十工厂、第六十一工厂、第八十工厂、第二十六工厂、第十一工厂、第四十四工厂、材料试验处、兵器研究所、应用化学研究所、弹道研究所、兵工学校和兵工署的一部分。迁走员工和眷属约1.5万人（内工人约4000人）、物资（含机器约3000部）约4万吨。

随着解放战争的胜利进展，未迁走的兵工厂相继随地区解放由当地军管会或人民政府接管。1948年9月24日，济南解放，第四十四工厂济南部分

（主要部分在青岛）、山东省政府机械厂（兵工厂）、山东省保安司令部修械所被接管。1948年11月1日，沈阳解放，第九十工厂及其分厂被接管。1949年4月24日，太原解放，西北实业建设公司工务处所属各兵工厂被接管。1949年11月30日，重庆解放，重庆兵工基地各厂被接管。1949年12月9日，云南起义，“国民政府”在大陆的最后一个兵工厂被接管。解放战争中，中共先后接管国民党政府的兵工厂和分厂36个，机器设备29711部，员工77254人。中国近代兵器工业的历史到此结束。中华人民共和国中央人民政府将人民兵工厂和接管的兵工厂统一调整，建立起新中国的兵器工业。1864年以来一直是分散建设的中国近代兵器工业，1950年开始走上了统一建设之路。

二、火药的生产

从同治六年到光绪十年（1867—1884），清廷已经在天津机器局、江南制造局、山东机器局、金陵机器局建成火药厂，并在广州和浙江建成两个火药局等专制火药的兵工厂。其中以天津机器局火药厂、金陵机器局火药厂的规模最大，江南制造局火药厂的技术最先进，山东机器局火药厂的建设速度最快，从购买设备到建成投产，不超过一年。

1873年，两广总督瑞麟在广州文明门外聚贤坊建立广东机器局。生产抬枪、步枪、机枪、枪弹、黑火药，并修理轮船。次年，张兆栋兼署督篆，又在广州城西增步筹建军火厂一所，准备专门制造洋式火药。

（一）黑火药

这几家火药厂，都已采用欧洲火药厂同样的机器设备，使提硝、蒸硫、焙炭、碾硫、碾硝、合药、碾药、碎药、压药、成粒、筛药、光药、烘药、装药等工艺基本实现机械化。上述工艺中的提硝和蒸硫，是使用各种锅炉和道，通过物理和化学反应过程，对硝石和硫黄进行提炼，除去其中的杂质、渣滓，提炼成纯净的硝和硫；焙炭是采用蒸馏设备，将选用的粗细适当、嫩老适中、节少、心实、皮青、杆直的柳条焙制成炭；碾压硝、硫、炭是将提炼过的硝石、硫黄和焙制的木炭碾碎成粉；合药是将碾细的硝、硫、炭粉混合搅拌成火药；压药是将混合而成的火药，放在压药机上压成结实而均匀的火药块，使火药具有一定的几何形状和密实性；成粒是将火药块破碎成一定的药粒；筛药是根据需要，筛选不同大小的药粒，供各种口径的枪炮使用；烘药是将火药成品烘干；光药是将火药成品磨光，减少吸湿性，以便保存和运输。

这些工序，有的是手工很难甚至是无法进行的。枪炮所用火药的配制方法和用料基本相同而略有区别，枪用火药要求颗粒细、发火速度快，每次拌碾药料，须用6小时。炮用火药要求颗粒粗、发火速度稍缓，每次拌碾药料只用4小时便可。如果药料粗细适当，便能保证枪炮的发射威力和安全。采用机器制造火药后，既可提高产量，又能提高所制火药的质量。当时所制的火药有两种，其硝、硫、炭的组配比率分别为75%、10%、15%和75%、12.5%、12.5%，都是较好的发射火药。

在上述几家兵工厂中，天津机器局早在1870年8月，就建成中国第一座以蒸汽为动力，日产140—180千克的黑色火药厂；至1874年前后，日产量已提高到900千克，从1876年至1882年，就制造了263.2万千克黑色火药，供北洋各军使用。金陵火药局建成较晚，但设备最新，数量最多，所制火药可同其他军火一起，供应南北洋清军使用，是当时清军最大的火药供应基地之一。江南制造局火药厂的技术最先进，所产火药供应附近地区清军使用，其年产量在1884年量已达到15.87万千克。山东机器局由徐建寅设计建造的火药厂于1876年建成，1900年的年产量已达11.8万千克。四川机器局于1880年建成，1890年的年产量已达5.9万千克。吉林机器局于1887年也建成一座火药厂，在1896年至1899年的4年时间里共制成火药33.1万千克。

从1874年至1911年，各厂共制成黑色火药871.45万千克。其中江南制造局233.15万千克，山东机器局28.3万千克，天津机器局217.69万千克，四川机器局80万千克。这4座火药厂制造的黑色火药，占全国总产量的83.3%。从1912年至1949年，黑色火药虽然仍在制造，但产量不多，在军用火药中已退居次要地位，作为辅助火药使用。如1945年12月颁布的《我国现用各种火药一览表》中所记载的黑色火药有：金陵粗枪药、黑色粒子药、头号二号三号三种粒子药、黑色六角饼药、24厘米和21厘米常用药、功字炮药等。

（二）栗色火药

栗色火药又称褐色火药，系由德意志火药研制者海德曼（F.N. Heideman）于1882年创制成功。它所用的木炭是选用优质的柳材焙制而成的。焙制时，先将柳材蒸干，除去浆质，削去柳皮，放入焙炭炉内焙成栗色木炭。这种木炭含炭分70%、木质纤维30%，由于炭化程度小，所以还能看到稍呈褐色的木质纤维。

栗色木炭焙成后，再用轧炭机压成炭粉。最好按硝粉89.5磅、硫黄粉4.5磅、木炭粉18磅的分量进行拌和，配制成组配比率为80%、4%、16%的栗色火药，而后又经过碾药、压药等工序，最后送入压六角饼药房，制成一定尺寸的栗色六角饼火药，烘干、装箱后运发军队使用。试验表明，由于这种火药中间有火焰通道，所以点火方便，而且在膛内燃烧后膛压适当，药粒的燃速逐渐增大使射出炮弹的初速加快，适用于大口径的火炮。

就在栗色火药创制的光绪八年（1882年）后，清军使用英制阿姆斯特朗和德制克虏伯后装线膛炮逐渐增多，原有的黑色火药已不能满足要求，需要改用德国新制成的栗色火药，所以购买和仿制栗色火药已势在必行。光绪十三年（1887年），李鸿章一面派人购买栗色火药，一面订购制造栗色火药的机器设备，建造厂房，决定仿制栗色火药。光绪十八年（1892年），天津机器局的工匠，在德国教习传授下，已经学会了栗色火药的制造方法制成栗色火药。

（三）无烟火药

无烟火药是枪炮在发射弹药后不产生烟雾和残渣的火药。它是将植物纤维素浸泡在硝酸溶液中，经过化学反应后生成的化合火药，不同于用硝、硫、炭三种原料拌和的混合火药。19世纪后期所发明的无烟火药有硝化棉和硝化甘油两种，即单基火药与双基火药。

历史文献记载表明，我国近代兵工厂最早研制的是硝化棉无烟火药，当时人们称之为棉花药或棉药即单基无烟火药。对它的研制开始于欧洲人试制硝化棉无烟火药的后期。

光绪十八年（1892年）十二月，江南制造总局总办刘麒祥，同外商谈判购买日产1000磅无烟火药的全套设备，以及设计建造厂房的事宜。按照协议规定，采取边设计、边施工、边购买设备的方法进行建厂。经过一年多的施工建设，江南制造局的无烟火药厂于光绪二十年（1894年）在上海龙华建成。据当年五月十九日（6月22日）的《捷报》报道，该厂的机器购自德国有名的格鲁森炮厂，厂中有两个外国人，一名化学师、一名工程师，分别担任厂中的教习和监工。光绪二十一年（1895年），该厂开机制造单基无烟药。据刘坤一奏报：局中原雇洋匠曾多次试制，但日久无成。后由该局委员候选直隶州王世绥组织试制，终于成功，“洋匠自谓不及，现在每年可造六万余磅，将来添购机器尚可扩充”。首批无烟火药试制成功后即采用全套机器设备按工艺规程进行批量生产。其主要工艺规程是：第一步，将棉花用蒸箱蒸去油脂，用清水洗净，放入烘干房内烘干，用撕棉机拉松；第二步，将拉松的棉花装入铁箱内用硝酸浸泡，经过充分的化学反应后，取出漂净、蒸透，成为硝化棉；第三步，将硝化棉碾成洁净细粉，烘干后即成无烟火药粉；第四步，将无烟火药粉放入拌药铁箱中，加入乙醚、酒精、樟脑油，均匀拌和，轧成药片，剪成小方块，放入光药桶内磨光、烘干；第五步，将成品装箱入库，调拨军队使用。后来，魏允恭在《江南制造局记·造无烟火药法》中，详细记载了制造无烟火药的工艺流程。当时该厂无烟火药产品主要有：枪用无烟火药，75毫米炮用方片无烟火药，57毫米、150毫米、120毫米炮用扁条无烟火药等。所制造无烟火药不但质量好、品种多，而且产量比较高，据魏允恭统计，从光绪二十一年到三十一年（1895—1905），总计制造无烟火药185吨，供清军打仗训练使用。

三、枪械的制造

中国近代的枪械制造业起步于19世纪60年代，从此期到辛亥革命前，以跟踪仿制欧美的前装枪、后装击针线膛枪和连发枪为主。自19世纪末至20世纪初，虽然已有一些兵工厂开始试造机枪和手枪，但是为数甚少。自20世纪20年代至中华人民共和国成立前，枪械的研制便逐渐得到相对全面的发展。

在19世纪六七十年代兵工厂兴办之初，清军虽然还主要使用英国的斯涅德、马梯尼–亨利、李恩飞，法国的米涅，美国的斯宾塞等前装枪，但是已开始使用一部分由江南制造局枪厂和天津、金陵、山东3个机器局等大中型兵工厂自制的步枪。从文献记载的比较中可知，江南制造局枪厂所造步枪数量最多、质量最好，规格型号也随着世界所制枪种的翻新而改变，基本上反映了我国当时步枪制造的发展状况。

晚清兵工厂对近代步枪的仿制，大致经历了前装枪、后装枪和连发枪三个阶段。

（一）前装枪

前装枪是指从枪口装填弹药的近代军用枪。清政府在19世纪60年代初进口的都是前装枪，同治六年（1867年）后，一些兵工厂便开始仿制这些前装枪，最初是将欧洲击发枪的发火装置，移植于清军装备的鸟枪和抬枪上，经过适当的改装后成为清军装备的洋线枪和洋抬枪。这种枪仅在江南制造局枪厂建立之初有所制造，不久便不见记载。

前装线膛枪主要有法、英、德等国军队装备的步枪和骑枪。它们由刻制直槽式膛线的枪管、斜曲的枪托、具有击锤与火帽的击发装置、带有表尺的瞄准具等主要部件组成，并附有刺刀。它们的主要构造和性能数据相近，如米涅式步枪的口径17.8毫米、枪长（除刺刀）1400毫米、枪重（除刺刀）4.8千克、弹重68克、初速每秒360米、表尺射程914米。此枪发射长形枪弹，蛋形459弹头，底部中空，略小于口径，易于装填。发射后，火药燃气使枪弹底部膨胀而嵌入膛线，减少了火药燃气的外泄，增大了射程和杀伤力，提高了命中精度。江南制造局枪厂在同治六年（1867年）建成后，便仿制这类前装线膛步枪和骑枪，其中见于记载的有1487支步枪、5990支骑枪。但是，由于前装枪要从枪口装填弹药，枪身重，口径大，不便携带，而且射速较慢，所以至光绪二年（1876年）以后再也没有制造这类枪的记载。但是作为一种火器，由于清军购买的数量较多，在19世纪70年代以后仍与后装枪搭配使用，直到19世纪末才被淘汰。

（二）后装枪

后装枪是指枪管内刻制膛线并从枪管尾部装填弹药的步枪。我国从同治六年（1867年）开始仿制美国林明敦后装中针线膛枪。该枪最初由美国枪械家林明敦创制于1863年，口径13毫米、枪长（除刺刀）1360毫米、重（除刺刀）4.9千克、弹重41.4克、表尺射程100米。自1867年起，江南制造局及山东、天津、四川等机器局相继进行仿制。1884年，江南制造局将该枪的长度缩短，口径减至10毫米，改用中针击发金属壳定装式枪弹。虽然经过上述改进，但由于该枪“多有走火之弊，故各营未肯领用”，至1890年便停止仿制，已经仿制的3万多支只好停用。1871年至1905年，天津机器局、山东机器局曾仿制过斯涅德和马梯尼-亨利后装枪，但因使用效果不理想而作罢。

（三）连发枪

连发枪是用弹仓装弹可连续射击多发枪弹的后装线膛步枪。19世纪80年代，美国的温彻斯特十七连发枪和黎意五连发枪，以及法国的哈齐开斯五连发枪先后传入我国，引起了我国各兵工厂仿制连发枪的高潮，直至20世纪40年代，各兵工厂仿制连发枪的势头始终呈上升趋势，其制品甚多。

1. 快利枪。

1890年，江南制造局仿制成一种五连发快利枪。其枪管与黎意枪管相似而较轻，其机簧与毛瑟机簧类同而灵巧，其弹仓一次可装填5发枪弹，口径11毫米、长1410毫米、枪重4千克、弹重26.5克，装填无烟火药2.1克，射程可达2700米。经过打靶试验，在距靶标270米时，可击穿7毫米厚的钢板。此枪是我国最早仿制的五连发枪，当年共制样品6支。

2. 新快利枪。

1891年，江南制造局又制成6支改进型五连发快利枪，称新快利枪。此枪采用快利枪的枪管和直柄式枪机（这种枪只要将机柄前后推拉，就可将枪弹送入装弹室进发射和发射后退出弹壳，而且不必从肩部卸下枪身便可完成），操作灵便，命中精度高。

1892年9月，对该枪进行试射，射速每分钟22～25发，初速每秒489米，能洞穿180米处5毫米厚的钢板，并击入钢板后的松木5厘米，其性能与进口枪支无差异。当年即进行批量生产，共制成460支，次年又造578支。由于该枪性能较好，部队多愿使用，所以产量逐渐增多。1894年就制成1224支，产量最多的1892年已达1980支。从1891年到1901年，该厂共制成11541支，1902年后，该厂全部改制毛瑟系列步枪。

3. 毛瑟系列步枪。

1898年，江南制造局已仿制成8支1888年式毛瑟枪。该枪是当时世界上最先进的连发枪，口径79毫米、枪长（除刺刀）1240毫米、重（除刺刀）3.75千克，初速每秒600米、表尺射程2000米。此枪采用回转式枪机，开动和关闭枪机时，须将机柄回转90度，以便向后拉动和向前推进，闭锁性能较好，不易泄气。枪管外部有一个套筒，与枪管之间有0.5毫米的空隙，便于散热，可防止枪管在连续射击时升温过高。除江南制造局枪厂，福建机器局、四川机器局、汉阳枪炮厂等，也都仿制过这种毛瑟枪。汉阳枪炮厂利用从利佛机器厂购买的日产50支连发枪的机器，仿制1888年式毛瑟枪。在仿制时去掉了枪管外套筒，枪口加了木护盖，表尺为固定弧形式，枪重（除刺刀）4.66千克，枪机较坚牢，易于制造，人们都称之为“汉阳式”。

1895年至1910年，该厂共制成136100支汉阳式毛瑟枪，供新军使用。20世纪初，江南制造局和广州、四川机器局，又先后仿制成改进型的1898年式和1904年式6.4毫米的毛瑟枪，其中尤以江南制造局跟踪仿制毛瑟枪的步伐最快，其制品的质量也居全国之首。

晚清兴办的兵工厂，自1867年江南制造局仿制前装枪开始，经过后装单发枪、后装连发新快利枪，到1897年仿制成1888年式后装连发毛瑟枪时，前后只用了30年。如果从掌握1888年式毛瑟枪的制造技术来说，只比创造国晚10年，这对于本已落后于欧洲200多年的晚清兵器工业来说，能用这样的速度缩小同世界先进造枪技术的差距，确是难能可贵的。据文献记载，江南制造局枪厂自1897年仿制1888年式毛瑟枪起，造枪技术已有很大提高，枪的质量也从三个方面得到了保证：

首先是对原料的精选，采用本局自炼的钢材做枪管和枪机的附件，用山东青岛及河南省所产的核桃木制枪托；其次是在造枪设备上尽量采用先进机器，使用机器的比例已高达80%；最后是对造枪工艺提出了严格的要求，对全枪的各种部件，要经过检验合格后，才能磨光，组合成枪。全枪组成后还要通过实弹试射（射程50—100米），试射成功后才能出厂。上述工艺要求，充分反映了当时江南制造局枪厂在造枪水平上已与当时的先进国家相距不远。

四、火炮的制造

19世纪50年代，晚清兵工厂开始仿制欧美的前装炮，直到中华人民共和国成立前，共经历了仿制欧美的前装滑膛炮、阿姆斯特朗式（简称阿式）前装炮、后装炮与管退炮四个发展阶段。

（一）前装滑膛炮

1868年，江南机器制造总局开始采用整体铸炮法仿制滑膛炮。其方法是先浇铸一根实心柱，“再用机器车刮镟挖，使炮之外光如镜内滑如脂。制造开花、田鸡（臼炮）等炮，配备炮车、炸弹、药引、木心等物，皆与外洋所造者相匹敌”。实际上，这是我国近代用机器制造火炮的开始。该厂于1869年至1873年按新法共制成12、16、24、32磅等各型铜炮128门，装备清军进行作战训练，此后使用机器制造的火炮便日益增多，制炮技术也不断提高。

此外，湖北枪炮厂和天津、四川、兰州等机器局，也都制造过一些前装炮。

（二）阿式前装炮

自1873年起，江南机器制造总局先后购买了1、40、120、150、180磅的阿式前装炮，作为仿制的样品，至1888年共仿制成上述各型阿式前装炮91门。这些火炮都由当时中国工人自己动手制造，技艺不下于任何欧洲工厂的工人。该厂仿制的阿式前装炮，大多安于上海吴淞口各炮台。据清末官员姚锡光在其所著的《长江炮台刍议》中记载，当时在吴淞口、南石塘、狮子林各炮台安置的海岸炮中，有口径120毫米、管长2.75米的40磅炮6门，口径175毫米、管长3米的120炮5门，口径200毫米、管长7米的80磅炮2门。这些火炮对加强吴淞要塞的防御能力有一定的作用。

1900年后，该厂停造阿式前装炮。阿式前装炮虽然较以往的前装滑膛炮有较大的改进，但前装炮的缺陷依然无法避免，于是仿制更为先进的后装炮也就成为当时的统兵大员和造炮专家们极为关注的大事。

（三）后装炮

1854年，阿姆斯特朗炮厂在研制前装炮取得重大进展的同时，创制成精良的阿式后装炮。与此同时，德意志的克虏伯炮厂也制成了精良的克虏伯式（简称克式）后装炮。

19世纪70年代，欧洲的阿式、克式和格式（格鲁森式的简称）等后装炮陆续传入中国，中国兵工厂自19世纪80年代起即开始仿制各种后装炮。前后可分为两个阶段：第一个阶段自1884年至1904年，以仿制架退式后装炮为主；第二阶段自1905年至中华人民共和国成立前，以仿制管退式后装炮为主。

1884年，金陵机器局率先仿制成德国格鲁森式轻型后装线膛钢炮，其口径为37毫米，发射2磅炮弹，安于炮车上发射，便于机动作战。两江总督曾国荃在光绪十一年（1885年）五月的《扩充机器局》奏稿中，提到了该局为云南提供4门后装炮，以及为台湾和北洋驻军分别制造6门后装炮之事。这些后装炮对云南和台湾军民在中法战争中抗击法军的入侵，起了一定的支援作用。至1896年，该局每年能造64门后装炮。

1. 江南制造局仿制的各型后装炮。

江南制造局在1884年已仿制成大型阿式后装炮3门。之后几乎每年都有制品问世，至1904年，总计制成阿式各型后装炮100多门（内有不少是100、40、7、6磅等速射炮），见于记载的有800、380、250、180、140、120、100、80磅等大型火炮，有40、12磅等中型火炮，有7、6、3、2磅等轻型火炮。

该局还在1897年后仿制成几种克式后装速射山炮，它们同阿式后装炮以发射炮弹重量命名的方式不同，而是以火炮口径的毫米数命名。各种克式后装炮具有钢材质量好，制造技术先进，采用车轮式炮架，便于机动等优越性。同时，由于采用无烟发射火药，炮闩闭气性能好，所以射速快，毁杀威力大。江南制造局的各种阿式和克式后装炮，除装备苏南等地驻军使用，有相当一部分用作海岸炮，装备长江沿岸的吴淞口、江阴、镇江、南京等各炮台，对加强长江沿岸江防要塞的防御起了重要的作用。

2. 汉阳枪炮厂仿制的后装炮。

如果说江南制造局炮厂在19世纪八九十年代以制造大中型阿式岸防和舰用后装炮为主，那么汉阳枪炮厂则在19世纪末至20世纪初以制造中小型格式野战用后装炮为主。该厂自1896年投产后至1909年已制成各类后装炮988门，其中有口径为37毫米、53毫米、57毫米的格式后装山炮，以及75—120毫米口径的后装野战车炮。清王朝灭亡后，汉阳枪炮厂便成为中国国民党军队所用火炮的主要制造厂之一。此外，还有大沽造船所和兰州、福建、四川、吉林等兵工厂制造过后装炮。

上述晚清军工厂局制造的各种前后装火炮，炮管都通过耳轴与炮架相连接，这种炮架称为刚性炮架或退式炮架，安置于这些炮架上的火炮被称作架退式火炮。这种火炮是在发射炮弹后，炮管随同炮架一起，在炮架的台面或车式底座上滑动后坐的火炮。这类火炮在发射时不易瞄准，发射后产生的后坐力大，火炮笨重，操作不便，在发射每一发炮弹后，消除炮架的后坐力及恢复至原位所需要的时间较长，使射速的进一步提高受到一定的限制，而更为先进的管退炮则可克服这一缺陷。

（四）管退炮

在1890年前后，一些中小口径海军火炮开始使用带缓冲装置的炮架，缓冲工质是液压和弹簧，这是现代火炮反后坐装置的雏形。这些火炮的缓冲装置后坐行程短，吸收的后坐力只占较小一部分，大部分后坐能量还是通过舰体传递给海水，但是有了缓冲装置之后，火炮射击后能自动弹回原位，加上使用了金属药筒定装弹，战斗射速比老式架退炮快了很多，所以被称为速射炮。这种带缓冲装置，射击时炮架动，炮管在炮架上前后滑动来消耗后坐力的火炮就叫作管退炮。

早期管退炮的缓冲装置吸收能量有限，作为海军炮来说问题不大，因为没有被缓冲装置消耗的后坐力可以通过炮架、舰体传递给海水，但是作为陆军火炮来说缓冲装置吸收的后坐能量还是太少，还是不够用。一直到1897年，法国的施耐德M1897野战炮服役，真正带有反后坐装置的陆战火炮才正式出现。施耐德M1897野战炮的身管不再像过去一样直接刚性连接在炮架上，而是托在一个U形摇架上，再和这个U形摇架一起构成火炮的俯仰部分，在炮架上上下俯仰。身管和U形摇架之间不是固定连接的，而是由弹性的反后坐装置连接的，射击时炮管可以在摇架上向后后坐，反后坐装置吸收能量，再把炮管弹回原先位置。

1905年，江南制造总局仿制成功第一门克虏伯式14倍75毫米管退山炮，炮架为双轮单脚式，炮闩为横楔式，行列全长4600毫米（放列全长3230毫米），行列全重405公斤（放列全重386公斤），用四马驮载或一马挽曳，高低射界-8至+15度，使用榴弹重5.3公斤，初速280米/秒，射速10—20发/分，最大射程4300米，有效射程4000米。这门火炮除复进弹簧购自美国，其他部件全部是江南制造总局自制的。不久，其他较大的军工厂亦相继具备了仿制管退炮的能力，但生产数量极少。如1907—1908年间，江南制造局制造的七生半管退过山快炮仅六尊。

中国近代火炮自19世纪60年代开始仿制欧美的前装滑膛炮后，经历了阿式前装炮、后装线膛炮、管退炮等发展阶段。上述各个发展阶段中，在跟踪仿制和追赶世界先进造炮水平方面所取得的成效是不尽相同的。

晚清朝廷为了改革军制和编练新军的需要，加速仿制新型火炮，力图提高清军的战斗力，从而促进了火炮研制的发展，因而取得了比较明显的进步。江南制造局炮厂和汉阳枪炮厂对阿式、克式和格式各型后装炮的跟踪仿制，表明我国在19世纪末的造炮能力与造炮技术已有很大的提高。就江南制造局炮厂而言，第一门管退炮的仿制成功，仅比法国创制的管退炮晚8年，而与有的国家仿制的管退炮仅差两三年，有的则同时起步而难分先后，在赶超世界先进的造炮水平上，取得了显著的成就。

五、弹药的生产

（一）子弹

1864年，苏州洋炮局开始采用机器制造前装枪弹。之后，江南、金陵、天津、吉林、四川、西安、兰州、山西、山东、神机营等兵工厂，都先后制造过前装枪弹。随着后装枪及其配用枪弹的增多，自19世纪70年代开始逐渐减少制造和使用，直到20世纪初便连同前装枪一起被淘汰。

1. 后装枪弹。

1867年，江南制造局枪厂开始制造林明敦边针后装枪所用的枪弹，后装枪弹是将弹头、弹壳、发射药及底火结合为一体的定装式枪弹。1891年，江南制造局制成无烟火药步枪弹后，黑色火药枪弹便逐渐被淘汰，而改用无烟火药枪弹。国内大多数兵工厂都能制造与新型枪械配用的枪弹。其制品有步枪弹、机枪弹（含步机枪通用弹）、手枪弹、冲锋枪弹、信号手枪弹等，按枪弹直径区分有7.9毫米、6.9毫米、6.8毫米等规格的步枪弹，其中7.9毫米为步枪和机枪共用枪弹；7.65毫米等规格的手枪弹。1941年第二十五工厂制成冲锋枪弹，大多数冲锋枪使用同直径的手枪弹。

2. 枪弹的制造工艺。

从清末至国民政府时期，制造枪弹的工艺不断规范与完善。1946年10月24日，第二十工厂颁布的《枪弹制造程序表》，是当时较完善的工艺规程，其中包括铜壳（弹壳）、弹头、底火全弹（合装枪弹）、子弹等制造过程。

铜壳制造工艺，从将原铸铜板轧碾成铜片，到弹壳制成，共须经过引长、切口、压底凹等27道工序；弹头制造工艺，从尖钢壳两次引长、钢壳冲尖和切口、拉铅条、冲铅心，到合成枪弹头，共需17道工序；底火制造工艺，从底火熔铜、轧铜裁铜、底火下料、合白药、底火装药，到底火制成，共需7道工序；合弹工艺，从铜壳上底火、点胶、装药、机弹装白铁箱，到装木箱，共需11道工序；子弹夹制造工艺，从漏夹下料、冲眼、压线、镀镍、压簧，到装箱，共需15道工序。由此可知枪弹和弹夹制造的全部过程，共须经过77道工序。

（二）炮弹

中国近代炮弹研制的兴起与发展，可以分为前装炮弹、后装炮弹与管退炮弹三个阶段。

1. 前装炮弹。

1862年至1874年，安庆内军械所、苏州洋炮局，开始用手工与简单机械相结合，以及用机械设备，制造与炸炮、劈山炮配用的前装球形实心弹和爆炸弹。1867年，江南制造局开始制造12、18和40磅前装炮弹，自1892年起，又仿造与阿姆斯特朗各型火炮配用的40—800磅炮弹。直到19世纪90年代，金陵机器局、天津机器局、湖北枪炮厂、吉林机器局等20多个兵工厂，都不同程度地制造前装炮弹。

2. 后装炮弹。

1876年到19世纪末，上述兵工厂都相继制造与阿姆斯特朗、克虏伯、格鲁森等火炮配用的炮弹。所造炮弹的型号规格纷乱繁杂：有以磅数命名的1、2、6、7、12、380、800磅等十几种炮弹；有以火炮口径的毫米数命名的

30、37、47、50、53、57、60、75、80、87、120、150、170、203、210、230、235、240、280、305毫米等20多种炮弹。制造炮弹所用的机器设备已较此前大有改进。据《江南制造局记》卷八《炮略·机器》记载，19世纪末至20世纪初，江南制造局炮厂所使用的冶炼、锻造、铸造、金属加工等各种主要机器设备有数百台。比如，地风箱、碾砂机、筛砂机、翻砂机、熔铜炉、熔铁炉、车床、插床、刨床、锯床、铣床拔丝床、擦炮膛床、绞螺丝床、剪臼床、滚齿床、磨车刀床、磨器具床等。这些机器设备都以蒸汽为动力，以天轴与皮革进行转动，它们的引进与使用，为20世纪前期中国火炮制造的机械化操作奠定了基础。

3. 管退炮弹。

以江南制造局为例，随着该局于1905年仿制管退炮的成功，其配用的炮弹也得到了相应的发展。据该局出品的说明书记载，1905年至1907年，该厂所造配用管退炮的炮弹有：75毫米山炮叠圈开花弹、山炮子母弹、克虏伯陆路双层开花弹、格鲁森山炮和陆炮寻常开花弹、格鲁森山炮和陆炮猛弹、费开士山炮双层开花弹、日本山野炮通用榴弹和代用霰弹、克虏伯87毫米快炮双层开花弹等。

（三）地雷

晚清兵工厂的文献中关于地雷的制造和使用的记载不多。据《益闻录》在光绪十年（1884年）六月三十日的记事条中记载，天津机器局制成地雷2000个。《江南制造局制造表》中，有光绪二十年（1894年）和二十一年（1895年）分别制造491个和371个铁壳地雷的记录，但都没有关于地雷的形制构造和使用方法的说明。从记载中可以判知，当时制造的地雷大致是由铁制外壳和壳内装药两部分组成的通用地雷。这种地雷通常是利用目标的碾压触碰作用，启动引信，触发雷内装药产生强烈的爆炸作用，以阻滞敌人的行动，杀伤敌人的有生力量和毁坏敌人的战具。在1912年至1937年，虽然有汕尾制弹厂、贵州兵工、广西炸弹厂、广东兵器制造厂等制造过地雷，但是生产规模都不大，产量也不多。抗日战争爆发后，地雷的使用增多，第二十、第二十一（安宁分厂）、第二十四、第三十一、第四十（后改为第二十一綦江分厂）、第四十三等工厂都增加制造量。自1937年至1945年，兵工署所属兵工厂累计制造90多万个。至1949年前累计制造143万个。其品种有：100磅踏发雷、80磅踏发雷、白铁壳地雷、生铁西瓜式地雷、25磅熟铁壳地雷、2磅生铁空壳爆炸地雷等。

（四）水雷

水雷由雷壳与壳内所装火炸药与引爆装置构成。雷壳用生铁、熟铁、马口铁皮、铜或木材制成；炸药大多为黑色火药。晚清的水雷制造主要集中在江南制造局水雷厂、天津机器局和福建船政局鱼雷厂3个濒海的兵工厂。江南制造局在同治十三年（1874年）造铁壳水雷14个、木壳水雷30个，开了我国自造水雷的先河。自1875年至1880年，共造铁壳水雷80个、木壳水雷28个。为了扩大水雷的制造，江南制造局于光绪七年（1881年）设置水雷厂，专门制造水雷。总计该厂自设厂至1904年，共造铁壳水雷496个（包括铁壳浮雷2个）。天津机器局自1876年至1881年，共制成各种水雷1347个。此后，金陵、山东、吉林、神机营、杭州和福建船政局等兵工厂，也都设有水雷厂制造水雷。当时所制造的水雷，大多是采用电雷管起爆的电发水雷。

（五）鱼雷

鱼雷的制造与使用技术在19世纪70年代传入中国，江南制造局曾于1880年前后仿制成奥地利怀特黑德式鱼雷，雷体直径14英寸，长11英尺，重300磅，装药18磅，采用压缩空气做动力，最大射程为640米，因不能控制雷体在水中的深度而作罢。温子绍主理的广州制造局1884年7月，亦奏请设立黄埔水雷局和鱼雷局。福建船政局于光绪十二年（1886年）开始建设鱼雷厂，本拟仿造外国海军舰艇装备的鱼雷，但因经费不足，遂于光绪十五年（1889年）撤销鱼雷厂，并开始利用该厂设备制造水雷。自20世纪初至1949年，中国只能维修少量鱼雷而不能制造。

附录二　温子绍奏折

丁宝桢[①]奏请调温子绍许应骙到山东委用片

同治十一年十月三十日（1872.11.30）

再，练兵必先利器，制造尤贵得人。东省前因整顿水师，经臣奏明委员赴粤购制师船，并拟筹修沿海炮台，所需枪炮火器均应陆续制造，即留防军及通省各营军械亦当认真讲求，以期适用。查近来中国火器多系购自外洋，臣以为欲图自强须求诸己，若徒借资于人，终非根本之计，是以数年来，于本省及外省留心采访精谙机器之员，以为制造之用。

兹查有广东顺德县在籍候选员外郎温子绍，于天文、算学、地理、水道与其轮船及各项机器皆能细心研求，深得蕴奥，其所制枪炮火器均臻妙捷。而又有候选县丞许应骙，籍隶广东番禺县，日与温子绍苦心力学，将外洋奇巧之处尽得其传。后访闻该员温子绍，人品甚正，心地朴实，洵为现时有用之才。东省现办水师、整顿营务，相应请旨饬下两广督臣、广东抚臣，即令在籍候选员外郎温子绍、候选县丞许应骙迅速来东，交臣查看委用，以资得力。

理合附片具陈，伏乞圣鉴训示。谨奏。

同治十一年十一月十三日军机大臣奉旨：钦此。

（军机处录副奏折档）

丁宝桢奏请调温子绍许应骙到山东委用片（来源：中国第一历史档案馆藏《军机处录副奏折档》）

同治十二年五月二十四日（1873.6.18）

再，臣等承准军机大臣字寄，同治十一年十一月十三日奉上谕：丁宝桢奏，在粤制造师船，请饬派员驾驶来东，及调员赴东差委等语，钦此。钦遵饬行查照。

除山东师船造竣，拣派水师将弁会同道员李宗岱驾送回东，另行奏报外。查候选员外郎温子绍、候选县丞许应骙，谙习机器，实为有用之才，目前山东整顿水陆营务，自应饬令该员等前往差遣。惟温子绍在粤先经臣等札委该员购买机器，督率工匠，参酌外洋做法制造枪炮军火等件，以期精益求精，正当开办之时，未便遽易生手，现令县丞许应骙先遵谕旨驰往山东。并经善后局司道等会同山东道员李宗岱，查有在籍江苏试用从九品欧阳明亦于机器最为熟习，饬令一同赴东差遣委用，可期得力。其员外郎温子绍一员，应请暂留粤省办理，俟经手事竣，再令前往。据该局司道等详请具奏前来。

除咨明山东抚臣查照外，谨合词附片具陈，伏乞圣鉴。谨奏。

同治十二年闰六月十八日奉朱批：知道了。钦此。

（军机处录副奏折档）

“同治十二年五月二十四日（1873.6.18）”奏折片（来源：中国第一历史档案馆藏《军机处录副奏折档》）

五、广东军装机器局
——黄埔海军造船所部分

一、两广总督在广州创办机器制造局
同治十二年三月初七日（1873 年 4 月 3 日）

香港德臣报载，两广总督已决定在广州创办一座制造枪炮和机器的机器制造局，该局总办已来香港洽购所需的机器。这机器制造局打算完全不用外国技师，闻之实难置信，然而，据说它的中国总办精于机器，善于发明。

《北华捷报》，卷十，1873 年 4 月 3 日，第 287 页。

二、两广总督瑞麟、广东巡抚张兆栋奏设机器局片
同治十三年四月十九日（1874 年 6 月 3 日）

近年讲求武备，以练习火器为先，而枪炮火药等项来自外洋者尤为精致。轮船一项，驾驶迅速，亦缉捕所必需。粤东自军务平定以来，筹办善后水陆巡防及查缉各属土匪需用军火各件，多赴香港等处采买。同治五年暨六、七两年，经臣瑞麟先后购买大小轮船七号，在于内河、外海各处巡缉，地方赖以安靖。复又筹款购买大小洋炮，存储省局，以便操演。惟军火采诸外洋，所费甚巨，且轮船、汽机时有损坏，必须赴香港修补，办理亦多周折，莫若置买机器自行修造，以期省便。先经募匠仿照外洋新式制造抬枪，分给各营练习，极为便捷合用。随后查有在籍候选员外郎温子绍等精于机器，即于省城设立军装机器局一所，委派该绅等在局经理，于同治十二年兴工。自开局以来，购置车床、刨床各项器具，将应用枪炮火药，均仿外洋造法陆续试办。各号轮船遇有损坏，亦即由局修葺。现又拟造内河轮船，为近省一带缉捕之用。臣等与各司道不时前往查看，洵属工作精良，著有成效。当试办之初，购买机器及制造机房铁、石、木料、铜器杂费，共支银一万四千九百八十五两有奇，局绅薪水及各项匠役工资、饭食杂用，每月约支银一千二百余两，其修造各项随时核实开支，俱由善后局筹给。将来制造日精，添器加工尚须酌增经费。所有动支帑项，例应报销，据善后总局司道等详请奏明立案前来。臣等谨合词陈明。

《广州府志》，卷六十五，建置略，第 2 页。

— 499 —

同治十二年三月初七日两广总督在广州创办机器制造局（《北华捷报》，卷十，1873年4月3日，第287页）；两广总督瑞麟、广东巡抚张兆栋奏设机器局片（《广州府志》，卷六十五，《建置略》，第2页）的记载

两广总督瑞麟奏摺

（同治十二年五月二十四日）

奏报外查候选员外郎温子绍，候选县丞许应骢，谙习机器，实为有用之才。目前山东整顿水陆营务，自应饬令该员等前往差遣，惟温子绍在粤先经臣等委该员购买机器，督率工匠参酌外洋做法，制造枪炮弹军火等件，以期精益求精，正当开办之时，未便遽易生手，现令县丞许应骢先遵谕旨驰往山东，并经善后局司道等会同山东道员李宗岱，查有在籍江苏试用从九品欧阳明，亦于机器最为熟习，饬令一同赴东差遣委用，可期得力，其员外郎温子绍一员，应请暂留粤省办理，俟经手事竣再令前往，据该局司道等详情具奏。

（中国第一历史档案馆卷号39，件号32）

两广总督瑞麟奏折（同治十二年五月二十四日）（ 来源：中国第一历史档案馆卷号39，件号32）

臣、將軍、督撫等應如何加意愼重，此次究由何處洩露，卽着該大臣、將軍、督撫等確切查明，據實具奏等因。伏讀之下，且感且悚。惟由何處洩露，須俟密查，未便張皇，轉生枝節。而軍機關重，竟至宣布於外，片由臣葆楨主稿，疏忽之咎，實無可辭。合懇天恩將臣葆楨交部議處，以為機事不密者戒。謹此附片瀝陳。

硃批：沈葆楨着交部議處。

大學士兩廣總督瑞麟、廣東巡撫張兆棟奏

竊臣等於同治十三年六月十九日，承准軍機大臣密寄，本年五月三十日奉上諭：總理各國事務衙門奏，日本兵紮番社，濱海防務，請飭先事籌辦一摺等因，欽此。臣等伏查廣東洋面，港口衆多。其最為緊要者，近省則有廣州之虎門及澳門等處，東路則有潮州之汕頭及南澳等處，而西南之瓊州孤懸海外，地雜民黎，亦不容稍涉輕視。且虎門以外之香港地方久屬英人住紮，而澳門地面又有大西洋人屯紮其間，省河沙面，洋船絡繹往來，情形迥非昔比。洋面以輪船為用，而往時之戰艦難以爭先。軍火以洋礮為精，而墩臺之體式又須變換。卽如虎門一帶，舊日礮臺，多已頹廢，且臺基礮房，一切制度，與近今既不相宜，而設臺之處，兩岸相距較寬，扼守亦難周密。

臣等久欲另行布置，以餉項入不敷出，且急切無款可籌。卽購買外洋船礮之需，亦

“大学士两广总督瑞麟、广东巡抚张兆栋奏”折（上半部分）（载《台湾文献丛刊》《同治甲戌日兵侵台始末》，第124页）

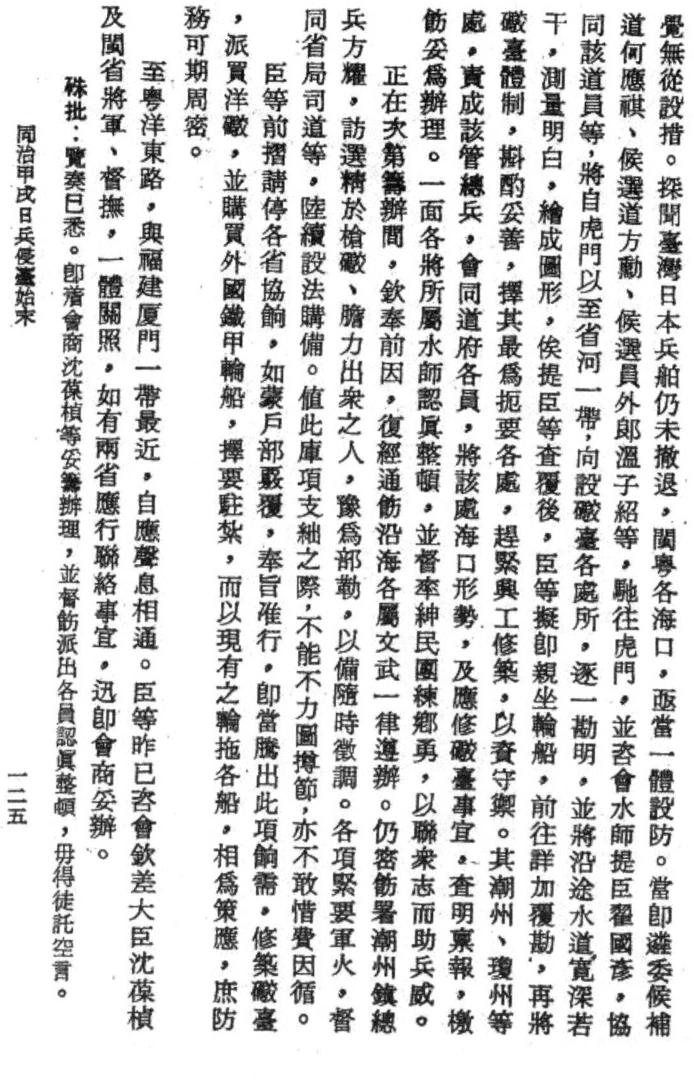
覺無從設措。探聞臺灣日本兵船仍未撤退，閩粵各海口，亟當一體設防。當即遴委候補道何應祺、候選道方勳、候選員外郎溫子紹等，馳往虎門，並咨會水師提臣翟國彥，協同該道員等，將自虎門以至省河一帶，向設礮臺各處所，逐一勘明，並將沿途水道寬深若干，測量明白，繪成圖形，俟提臣等查覆後，臣等擬即親坐輪船，前往詳加覆勘，再將礮臺體制，斟酌妥善，擇其最為扼要各處，趕緊興工修築，以資守禦。其潮州、瓊州等處，責成該管總兵，會同道府各員，將該處海口形勢，及應修礮臺事宜，查明稟報，檄飭妥為辦理。一面各將所屬水師認眞整頓，並督率紳民團練鄉勇，以聯衆志而助兵威。

正在次第籌辦間，欽奉前因，復經通飭沿海各屬文武一律遵辦。仍咨飭署潮州鎭總兵方耀，訪選精於槍礮、膽力出衆之人，豫為部勒，以備隨時徵調。各項緊要軍火，督同省局司道等，陸續設法購備。值此庫項支絀之際，不能不力圖撙節，亦不敢惜費因循。

臣等前摺請停各省協餉，如蒙戶部議覆，奉旨准行，即當騰出此項餉需，修築礮臺，派買洋礮，並購買外國鐵甲輪船，擇要駐紮，而以現有之輪拖各船，相為策應，庶防務可期周密。

至粵洋東路，與福建廈門一帶最近，自應聲息相通。臣等昨已咨會欽差大臣沈葆楨及閩省將軍、督撫，一體關照，如有兩省應行聯絡事宜，迅即會商妥辦。

硃批：覽奏已悉。即着會商沈葆楨等妥籌辦理，並督飭派出各員認眞整頓，毋得徒託空言。

同治甲戌日兵侵臺始末　一二五

“大学士两广总督瑞麟、广东巡抚张兆栋奏”折（下半部分）（载《台湾文献丛刊》《同治甲戌日兵侵台始末》，第125页）

十二、两广总督刘坤一：设厂制造军火片

光绪四年五月二十七日(1878年6月27日)

再，近年讲求武备，以练习火器为要，而军火又以外洋所制为精。同治十三年间，前督臣瑞麟因军火购自外洋，所费较巨，不若置买机器自行制造较为省便。因与臣兆栋会商，在于省垣设立机器局一所，派令在籍候选员外郎温子绍等在局经理，将应用枪炮、火药，仿照外洋做法，陆续试办，业经附片具奏在案。是年六月内，钦奉谕旨饬办海防，因又购制各项紧要军火。所购洋枪、洋炮，均须配用洋制火药，方能施放得宜，必须先事预筹，以备临时应用。而机器一局，设于省城之中，工匠无多，地方窄狭，又有兼铸枪炮、修造轮船等事，势不能专顾火药一项，因而所造寥寥，诚恐需用之时，无以应手。臣兆栋于兼署督篆任内，饬据善后局司道议于省城西门外曾步地方，购买民田，填筑地基，设立军火厂一所。一面购买机器，雇募匠人，派委谙悉制法之员，专司监造。该处厂所已于光绪元年六月内兴工，所购机器亦由外洋陆续运到。约计买地建屋，以及购买机器一切工料价值，约共需银七万四千余两，均由善后总局筹支。目下厂所将次竣工，业经采办硝磺，将洋枪、洋炮所配火药，仿照洋式陆续制造。所有动支经费，例应报销。据善后总局司道等详请奏明立案前来。……

《刘坤一遗集》，第一册，奏疏，卷十三，
中华书局1959年版，第464—465页。

光绪四年五月二十七日两广总督刘坤一：设厂制造军火片（《刘坤一遗集》第一册，卷十三，《奏疏》，中华书局1959年版，第464—465页）

刘坤一[1]奏请奖励温子绍片

光绪五年四月初六日（1879.5.26）

再，查广东为滨海要区，必得轮船驾驶，且旗、绿各营分别抽练，需用枪炮亦多，经前督臣瑞麟于同治十三年设立机器局自行制造，并经奏明委派在籍绅士花翎候选员外郎·加捐三品衔·江苏试用道员温子绍经理，迄今数年。该绅资性聪明，深谙西法，所有制造枪炮以及火箭、水雷等项无不合用，其格林炮一项灵巧不让外洋，而价值则减大半，是以直隶各省纷纷来粤购买。广东近来度支拮据，该绅于局中经费与一切工料无不力求节省，每遇放款不敷，自行在外垫借接济，俾无废事，其公忠尤为可嘉，宜乎名闻遐迩，山东、江苏、云贵、越南等处争欲罗致也。

查各省设立机器局及同文馆，所有得力人员，屡经奏恳施恩量予奖励。今温子绍办理粤东机器局著有成效，且其人亦系国家有用之才，堪备任使。可否仰恳天恩赏给二品顶戴，以昭激劝之处，出自逾格鸿施。

臣谨附片具陈，伏乞圣鉴训示。谨奏。

光绪五年四月二十九日军机大臣奉旨：温子绍着赏给二品顶戴。该部知道。钦此。

（军机处录副奏折档）

光绪五年四月初六日刘坤一奏请奖励温子绍片（来源：中国第一历史档案馆藏《军机处录副奏折档》）

（三）廣州機器局的設備與製造情況

〔光緒四年五月二十七日，兩廣總督劉坤一："設廠製造軍火片"〕再近年講求武備，以練習火器為要，而軍火又以外洋所製為精。同治十三年間，前督臣瑞麟因軍火購自外洋，所費較鉅，不若置買機器自行製造，較為省便，因與臣兆棟會商，在於省垣設立機器局一所，派令在籍候選員外郎溫子紹等在局經理，將應用鎗礮火藥做照外洋做法陸續試辦，業經附片具奏在案。是年六月內欽奉諭旨飭辦海防，因又購製各項緊要軍火，所購洋鎗洋礮，均須配用洋製火藥方能施放得宜，必須先事預籌，以備臨時應用。而機器一局設於省城之中，工匠無多，地方窄狹，又有兼鑄鎗礮修造輪船等事，勢不能專顧火藥一項，因而所造寥寥，誠恐需用之時無以應手，臣兆棟於兼署督篆任內，飭據善後局司道議於省城西門外曾步地方購買民田，填築地基，設立軍火廠一所，一面購買機器，雇募匠人，派委諳悉製法之員專司監造。該處廠所已於光緒元年六月內興工，所購機器亦由外洋陸續運到，約計買地建屋以及購買機器，一切工料價值約共需銀七萬四千餘兩，均由善後總局籌支。目下廠所將次竣工，業經採辦硝磺，將洋鎗洋礮所配火藥做照洋式陸續製造。（劉忠誠公遺集，奏疏，卷13，頁24—25。）

〔光緒五年四月初六日，兩廣總督劉坤一："在籍紳士督辦機器出力請加恩賞片"〕再查廣東為濱海要區，必得輪船駕駛，且旗、綠各營分別抽練，需用鎗礮亦多，經前督臣瑞麟於同治十三年設立機器局，自行製造，並經奏明委派在籍紳士花翎候選員外郎加捐三品銜江蘇試用道溫子紹經理，迄今數年。該紳資性聰明，深諳西法，所有製造

广州机器局的设备与制造情况（局部）（孙毓棠：《中国近代工业史资料第一辑》，中华书局，1962年，第459页）

460 中國近代工業史資料第一輯

鑄礮以及火箭水雷等項，無不合用。 其格林礮一項，靈巧不讓外洋，而價值則減大半，是以直隸各省紛紛來粵購辦。廣東近來度支拮据，該紳於局中經費與一切工料，無不力求節省，每遇放款不敷，自行在外墊借接濟，俾無廢事，其公忠尤爲可嘉，宜乎名聞遐邇，山東江蘇雲貴越南等處爭欲羅致也。 查各省設立機器局及同文館，所有得力人員，屢經奏懇恩施，量予獎勵。 今溫子紹辦理粵東機器局務，著有成效，且其人亦係國家有用之才，堪備任使，可否仰懇天恩，賞給二品頂戴，以昭激勸。 （劉忠誠公遺集，奏疏，卷 14，頁 40。）

［光緒五年六月十五日，兩廣總督劉坤一："粵省輪船未能遠赴吳淞操練摺"］ 粵省數年以來購製各號輪船，皆爲本省各海口及內洋近處緝捕之用，船身本不甚大，入水亦不甚深，實未能經涉大洋，遠赴吳淞口操練。 謹將實在情形爲我皇太后、皇上一一詳陳之。查同治五年間，前撫臣蔣益澧因洋面盜案疊出，經與前督臣瑞麟會商，向英法兩國購買"綏靖"、"澄清"、"鎮海"、"飛龍"、"靜波"、"安瀾"、"鎮濤"輪船七號，以資巡緝。 內除"飛龍"一號已於同治十三年八月內被風擊沉，又"鎮海"一號年久損壞，不堪駕駛外，現在尚存輪船五號。又同治十三年前督臣瑞麟會同前撫臣張兆棟奏設機器局，派委精於機器之紳士溫子紹在局自行製造輪船，先後製成內河小輪船一十六號，派撥東西北三江分段巡緝，業經各前督撫臣先後奏明在案。 此粵東購製洋面內河緝捕輪船之原委也。 以上各輪船購買製造之初，原爲本省緝捕之用。 粵省各海口港汊紛歧，若輪船喫水過深，遇有水淺之處，即不能行駛，而洋面賊船本不甚大，但有長至數丈之輪船即可制之。 是以各前督撫臣因地制宜，購製輪船無長至十五丈以外者。臣於覆奏前督臣英翰"瀝陳粵省事宜摺"內，聲明粵省先後購備輪船

广州机器局的设备与制造情况（局部）（孙毓棠：《中国近代工业史资料第一辑》，中华书局，1962年，第460页）

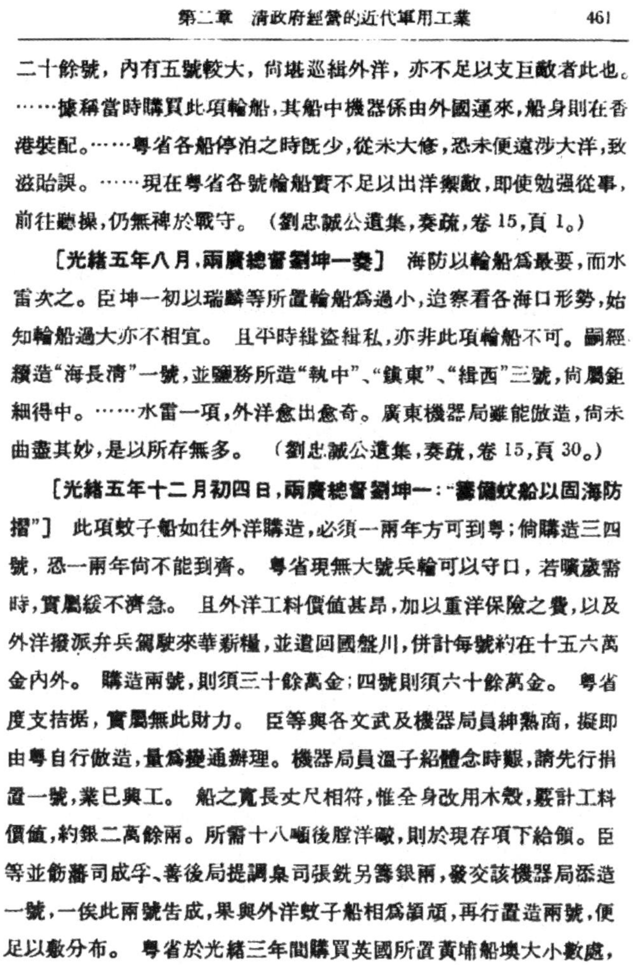

二十餘號，內有五號較大，尚堪巡緝外洋，亦不足以支巨敵者此也。……據稱當時購買此項輪船，其船中機器係由外國運來，船身則在香港裝配。……粵省各船停泊之時既少，從未大修，恐未便遠涉大洋，致滋貽誤。……現在粵省各號輪船實不足以出洋禦敵，即使勉强從事，前往聽操，仍無裨於戰守。（劉忠誠公遺集，奏疏，卷15，頁1。）

〔光緒五年八月，兩廣總督劉坤一奏〕 海防以輪船爲最要，而水雷次之。臣坤一初以瑞麟等所置輪船爲過小，迨察看各海口形勢，始知輪船過大亦不相宜。且平時緝盜緝私，亦非此項輪船不可。嗣經續造"海長清"一號，並鹽務所造"執中"、"鎮東"、"緝西"三號，尚屬鉅細得中。……水雷一項，外洋愈出愈奇。廣東機器局雖能倣造，尚未曲盡其妙，是以所存無多。（劉忠誠公遺集，奏疏，卷15，頁30。）

〔光緒五年十二月初四日，兩廣總督劉坤一："籌備蚊船以固海防摺"〕 此項蚊子船如往外洋購造，必須一兩年方可到粵；倘購造三四號，恐一兩年尚不能到齊。粵省現無大號兵輪可以守口，若曠歲需時，實屬緩不濟急。且外洋工料價值甚昂，加以重洋保險之費，以及外洋撥派弁兵駕駛來華薪糧，並遣回國盤川，併計每號約在十五六萬金內外。購造兩號，則須三十餘萬金；四號則須六十餘萬金。粵省度支拮据，實屬無此財力。臣等與各文武及機器局員紳熟商，擬即由粵自行倣造，量爲變通辦理。機器局員溫子紹體念時艱，請先行捐置一號，業已興工。船之寬長丈尺相符，惟全身改用木殼，覈計工料價值，約銀二萬餘兩。所需十八噸後膛洋礮，則於現存項下給領。臣等並飭藩司成孚、善後局提調臬司張銑另籌銀兩，發交該機器局添造一號，一俟此兩號告成，果與外洋蚊子船相爲頡頏，再行置造兩號，便足以敷分布。粵省於光緒三年間購買英國所置黃埔船塢大小數處，

广州机器局的设备与制造情况（局部）（孙毓棠：《中国近代工业史资料第一辑》，中华书局，1962年，第461页）

機器皆全。所有做造此項蚊子船，以及將來隨時修理，甚屬合用。既可不費鉅款，且始終不借力於外洋。臣等知識庸愚，做造此項蚊子船，事屬創始，誠不敢信確有把握。惟溫子紹於製造最爲熟習，既經首先捐辦，應不致徒託空言。當此經費竭蹶之時，亦不能不爲此節省之計。（劉忠誠公遺集，奏疏，卷15，頁47—48。）

〔光緒五年十二月初四日，兩廣總督劉坤一："驗看製造機器各局及新設各礮臺片"〕 再臣等於十一月二十四、二十八等日，先後會同前往增步黃埔等地方驗看製造洋藥洋鎗各局，及船塢內等項機器，均屬堅牢精美，安放合宜。（劉忠誠公遺集，奏疏，卷15，頁50。）

〔光緒六年×月×日，兩廣總督張樹聲："製造局員請俟第一號蚊子船工竣起程摺"〕 粵局向無洋人，皆該道[溫子紹]一人隨時督率各工，講求調度，實無別人可以接手。……並擬派赴吉林設廠，粵匠技優者不肯遠離，平等者帶往無濟。……北地苦寒，南人畏冷，製造慮難應手。（張樹聲：張靖達公奏議，卷4，頁1—2。）

〔光緒六年×月×日，兩廣總督張樹聲："溫子紹因母病未能前赴吉林摺"〕 臣等復加查察，粵東製造局大輅椎輪，規模狹隘，近來經費支絀，製造益艱。（張樹聲：張靖達公奏議，卷4，頁23。）

〔光緒六年×月×日兩廣總督張樹聲："籌辦廣東海防情形摺"〕 [廣東]大小輪船二十餘號，能行本省外洋者僅有五號，與鹽務所造三號皆略如根缽之式，祇可爲巡緝盜匪之用。若臨陣禦敵，恐未足與敵人兵輪角勝，更無論鐵甲矣。蚊子船甫經定購一號來華，尚需時日。機器局做造一號，尚未竣工。水雷尤守口要物，東省所存無多，正在講求購製，以期足用，亦非可猝辦者。（張樹聲：張靖達公奏議，卷4，頁4。）

广州机器局的设备与制造情况（局部）（孙毓棠：《中国近代工业史资料第一辑》，中华书局，1962年，第462页）

第二章　清政府經營的近代軍用工業　463

[光緒六年×月×日，兩廣總督張樹聲奏："紳士捐造蚊子船工竣驗收合用摺"]　竊廣東機器局紳二品頂戴江蘇試用道溫子紹捐貲仿造蚊子船一隻，先於光緒五年十二月經前督臣劉坤一會同臣裕寬專摺奏明，欽奉諭旨，飭令先行試辦，轉行欽遵在案。溫子紹隨即選購料物，按照外洋購來式樣，酌量變通，繪具圖說，督匠依法製造。閱時一年有餘，工程一律告竣。先經善後局司道委員驗明，船身底板全用柚木，內以七八寸方木密排為骨，鐵條為根，㵾木為橫梁；內外要處包固厚鐵，機器照康邦新式，船身長一十二丈四尺，馬力二百匹，委係工堅料實。臣等親往覆驗，均屬相符。即經駛赴虎門試演大礮，皆能合度。適由外洋新購之蚊子船一隻亦已到粵，復經帶同各司道營將，令兩船並駛，放洋試礮。雖外洋所製機器較多，通體純鋼，與木殼有異，而溫子紹仿造之船，價值懸殊，規模形式駛行遲速亦能不甚相懸，洵足以資備禦。茲據善後總局司道具詳，詢據溫子紹面稱，仿造此項輪船，計用工料銀三萬三千九百餘兩。該員以世受國恩，勉圖報效，不敢仰邀獎敍，應請免其造冊報銷。　（張樹聲張靖達公奏議，卷5，頁14—15。）

[美國駐廣州領事致美國駐華公使報告]　這個領事轄區[廣州]內共有三個中國人所謂機器局：一個在廣州北約四英里的增步地方，一個在廣州的南門，另一個在黃埔。

增步的機器局是約四年以前建立的。它是廣東省境內最大的兵工廠，廠內裝配的是英國製造的重型機器。兵工廠附設有一個火藥廠，進行製造火藥已有年餘，這裏也修造了幾艘小汽船，約100至200噸，但因船廠前面水太淺，估計大約只能修造小型的船隻。

南門的機器局是一個較小的工場，主要的工作是製造機器、搗鉛、和鎗彈。

广州机器局的设备与制造情况（局部）（孙毓棠：《中国近代工业史资料第一辑》，中华书局，1962年，第463页）

张树声①奏请俟第一号蚊子船工竣即令温子绍起程赴吉折

光绪六年（1880）

奏为粤省制造局员遵旨饬赴吉林，现与北洋大臣往返函商，请俟仿造第一号蚊子轮船工竣，即赶紧起程，先行恭折覆陈，仰祈圣鉴事。

窃臣等于光绪六年四月二十九日承准军机大臣字寄，光绪六年四月初九日奉上谕：李鸿章奏遵筹吉林造船等事宜各折片，据称混同、松花等江，轮船均可驶行，若制造舢板、长龙各船，不足以资守御。李鸿章所奏在三姓附近水深溜大之处设厂筹造小轮船，如粤东仿造蚊子船等式，上可驶行伯都讷省城一带，下可驶巡黑河口转入黑龙江，洵为目前切要之图，即着照所议办理。道员温子绍在广东制器有年，颇有心得，现在吉林创始需才，较粤省防务尤为紧要，着张树声、裕宽饬令该员酌带造船得力工匠，并将俟启上年代购神机营设厂之机器，选择合用者，由海道运至奉天营口，再由陆路运至吉林，以资创设船厂之需。温子

光绪六年张树声奏请俟第一号蚊子船工竣即令温子绍起程赴吉折（局部）（来源：中国第一历史档案馆藏《军机处录副奏折档》）

绍暨随带工匠机器赴吉川资，着该督抚、监督设法筹给等因，钦此。当经转饬道员温子绍钦遵去后。

旋据禀称：去冬自行捐资报效仿造蚊子船一只，现在工程仅及一半，正在布置机器炮架一切，约九月尾可以竣工。粤局向无洋人，皆该道一人随时督率各工讲求测度，实无别人可以接手。奉饬续造蚊船一只，大宗料件亦已购备，无人可以交托。请俟此项船只赶造完竣，即行部署赴津，面请李鸿章指示。并据沥陈：吉林设厂，粤匠技优者不肯远离，平等者带往无济；机器体质极重，机关甚微，陆运数千里，易致疏虞；造船物料，购自南洋，往返动须半年，易致耽误，工价数倍，转运繁难；北地苦寒，南人畏冷，制造虑难应手，经费恐多虚糜各等情前来。

臣等伏查粤省自行仿造蚊子船，变通办理，局员温子绍先行捐置一号，议定另筹银两，发交该机器局添造一号。一俟此两号告成，果与外洋蚊子船相为颉颃，再行制造两号，以资

①张树声时任两广总督。

光绪六年张树声奏请俟第一号蚊子船工竣即令温子绍起程赴吉折（局部）（来源：中国第一历史档案馆藏《军机处录副奏折档》）

分布。业经前督臣刘坤一会同臣裕宽于上年十二月奏奉谕旨着照所请，先行试办等因，钦遵在案。窃惟吉林北边重地，设厂造船，规画深远，既需温子绍前往经理，自未便因粤省续造蚊船久稽时日。惟仿造蚊船，亦系中国创始之举，温子绍捐赀一号，钩心斗角，事由一手经理，若令弃之而去，固属可惜。且李鸿章原奏亦言，吉林筹造小轮船，如粤东仿造蚊子船等式，今仿造之船尚未下水动轮，其合式与否，即温子绍亦须试验驶行始有把握。臣等当与北洋大臣李鸿章往返函商，兹准复称：温子绍所陈吉林设厂为难各节，皆系实在情形，事关重大，原非一蹴所能定见。请令温子绍于本年秋间第一号蚊船蒇工后，驰赴津门筹商，或少带工匠先往吉林察勘一切，再行定议等因。臣等已督饬温子绍将捐造第一号蚊船并日加工迅速蒇事，即行遵旨驰赴天津，听候李鸿章筹商饬办。其粤海关购存机器，亦俟温子绍选择带往，再与俊启设法筹给川资，以备应用。

除俟届时再行奏报外，所有机器局员温子绍请俟第一号蚊子轮船工竣即令起程赴津缘由，谨合词恭折覆陈，伏乞皇上圣鉴训示。谨奏。

（《张靖达公奏议》卷四）

光绪六年张树声奏请俟第一号蚊子船工竣即令温子绍起程赴吉折（局部）（来源：中国第一历史档案馆藏《军机处录副奏折档》）

再，臣前駐紮馬白關、古林箐，連奉電寄諭旨，由廣西撫臣潘鼎新轉寄，必須十四五日始能奉到。今臣在保勝，前往文盤州、大灘一帶，又須加程限一二日，而較之驛站，究屬迅速。

除將現在遵辦情形，摘敍節畧，咨請潘鼎新電陳總署先爲轉奏外，謹恭摺由驛密陳。伏乞皇太后、皇上聖鑒訓示。謹奏。

江蘇廣東代購軍械請分別撥餉給價片 同日

再，臣現遵旨進兵，所需軍火，亟應寬爲預備。前蒙天恩，由北洋、南洋大臣，及兩廣督臣，分撥接濟，欽感莫名。

查各項洋槍內，有哸者士得快槍，及士乃打後膛槍筆碼，尚可敷用。大學士兩江督臣左宗棠，及署兩江督臣曾國荃，發來林明敦後膛槍二千桿，最爲精利，惟碼子僅有四十萬顆，每桿只能分配二百顆。臣前委候選知府卓維芳，由上海買得另樣林明敦後膛槍一千二百二十桿只，共有碼子十九萬六千顆，每桿只能分配一百數十顆。若與法人鏖戰數晝夜，難免缺乏之虞。臣擬仍咨請署兩江督臣曾國荃，照前次解來林明敦碼子式樣，再代買一百萬顆。並飭知府卓維芳，將另樣林明敦碼子再買五十萬顆，解來添用，所需價銀，覈明應給若干，均由江蘇協滇軍餉項下，就近撥發。

又臣前奏明咨請兩廣督臣張樹聲代辦軍火，先準咨解前膛洋槍一千桿，銅帽一百萬顆，後由廣東機器局道員溫子紹，兩次代訂買獲馬的力後膛槍二千桿，碼子一百萬顆，士乃打後膛槍三千桿，碼子一百五十萬顆，來福兵槍五千桿，大銅帽五百萬顆，洋藥五萬磅。現準署兩廣督臣張之洞咨，會前

江苏广东代购军械请分别拨饷给价片（上半部分）（来源：中国第一历史档案馆藏《军机处录副奏折档》，第693页）

項訂買軍裝，共合價銀八萬三千六百八十五兩六錢，兩次共交過訂銀二萬八千一百三十二兩，又續交洋銀一萬元，合銀七千二百兩。其餘銀兩，俟軍裝運到廣東，即須補發。惟續撥滇餉，已經臣奏明仍舊解京，東省無可墊支等因。臣查滇省僻處邊隅，採辦外洋軍火，大費周折，現在外患孔殷，必須軍火稍裕，戰守方有把握。前項軍裝，既經兩廣督臣代爲訂買，可否仰懇天恩賞準敕部，由該省應解京外款項，撥發此項軍裝價銀，即催解來滇，以資軍用，出自逾格鴻施。

謹附片具陳，伏乞聖鑒訓示。謹奏。

官軍進取館司關法人退守宣光摺 九月初二日

奏爲遵旨督飭劉永福暨各營前進館司關，法兵教匪聞風退守宣光，官軍紮營相持情形，恭摺仰祈聖鑒事。

竊臣於光緒十年八月二十二日，承準軍機大臣字寄光緒十年八月初一日奉上諭："岑毓英奏遵旨訓練各軍，聽候調遣一摺，覽奏已悉。前疊諭岑毓英督師出關，規復北圻各城，茲據該督所奏，尚未接奉前旨。現值秋高氣爽，即著督飭劉永福，及在防各營，力圖進取，迅赴戎機。並著潘鼎新悉心會商，飭令各軍聯絡聲勢，分路並進。該督撫務當極力籌辦，不準藉詞遷延，自干重咎。所有辦理情形，隨時迅速奏聞。劉永福軍所需餉銀軍火，仍著岑毓英妥籌接濟，俾無缺乏。"等因，欽此。仰見聖謨廣運，跪讀之下，欽服莫名。

臣自八月初七日拜摺後，即乘小船下文盤州，途遇記名提督劉永福、補用游擊張世榮等出界來見，當即面告劉永福以天恩高厚，破格録用，並奉特旨，準由粵海關撥給餉項，體恤周備，務須力圖報稱。該提督仰荷生成，頗知感奮，臣

694

江苏广东代购军械请分别拨饷给价片（下半部分）（来源：中国第一历史档案馆藏《军机处录副奏折档》，第694页）

三十、两广总督张之洞：遵查广东机器局碍难裁撤并革员温子绍赔捐自赎折

光绪十一年十二月初一日（1886 年 1 月 5 日）

窃臣承准军机大臣字寄，光绪十一年五月十五日奉上谕："有人奏粤省机器局办理有年，毫无成效，该局报销难保无侵吞浮冒情弊等因。钦此！"当经钦遵转行确查去后，其时制造纷繁，款目胶葛，猝难查明。嗣经臣访有端倪，于本年正月间特参不职文武各员折内，以江苏候补道温子绍经营机器局多年，料价既多不实，工匠亦不足额，物议繁多，据实奏参。奉旨："温子绍著先行革职。彻底查办，勒令赔缴等因。钦此！"复经叠檄藩、臬、运三司彻底确查各在案。

兹据广东布政使沈熔经会同署按察使瑞璋、代理盐运使蒋泽春详称："确查该革员温子绍，自同治十二年开办机器局起，至光绪八年十二月止，建造局房，搬运濠泥，暨增修改葺地价工料银一万四千五十三两九分七厘，购买机器等件银一万五千七百六十七两六钱七分四厘，购买煤炭等项银二万一百九十两二钱四分三厘，购运船脚夫价银七百八十二两九钱三分一厘，制造新式枪炮铅弹炮架等项用过铜、铁、铅、锡、鱼油并一应器具银八万九千六百八十九两二钱八厘，雇募夫匠各项工价银一十五万五千六百一两八钱一分，委员绅役各项薪粮工食银八万八百七十八两五钱五分八厘，修制轮船经费银九万六千八百六十两，以上共银四十七万三千八百二十三两五钱二分一厘，业经前督臣张树声开单奏报在案。又自光绪九年正月起至十年十二月止，

——制造枪炮水雷炮子军械；

——添置机器厂物料；

——夫匠工价；

——委员绅役各项薪粮工食；

——修理轮船经费。

以上五宗，司局原册开报共银一十三万五千三百七十五两五钱七分，尚未咨部报销，经臣核删银一万五千五十两，实用银一十二万三百二十五两五钱七分。该司道等督同委员按册逐款稽核，该革员温子绍承办机器局十二年，前后领款五十九万四千一百四十九两九分一厘，其建造局房、购买机器、委员绅役薪粮工食、修造轮船各款，大致均属相符。惟工料两项，当仿造伊始，铜、铁、铅、锡购自外洋，转手太多，不能照中国市价核算者；有倾熔不能得法，一再改倾折耗较多者；夫匠人工有赶限制造枪弹，日夜并作，一工兼支两工者；有始造不得合式，一再改折，工价旷费者，虽办理不能认真，实尚无侵吞浮冒各情。并据该革员禀称："承办机器局以来，所购物料均有华洋各行发货单据，所用工匠，每日悬牌局门，未敢稍存侵冒之心。惟局系创始，工系仿造，物料之转购折耗，工匠之兼并旷费，不能撙节讲求，自问咎无可辞，自愿赔缴工费，以赎前愆"等情。由藩司会同臬运两司详请具奏前来。

臣查已革江苏候补道温子绍，委办粤省机器局十有二年，动用银五十九万四千余两，现经查明尚无侵吞浮冒情弊。惟支销巨款，多历年所因采办周折算造未精，以致物料多所耗费，

光绪十一年十二月初一日两广总督张之洞：遵查广东机器局碍难裁撤并革员温子绍赔捐自赎折（上半部分）（来源：陈真编《中国近代工业史资料》第三辑，生活·读书·新知三联书店1961年版，第215—217页）

工匠手艺不尽精良，不免兼营折改，虽所购物料有各行单据可凭，而物质精粗未必毫无搀换。因所制造修理各件，久已散发各营各船，且系成造之物，其原质等差无凭核实。所用工役虽有水牌册籍，而工徒不尽得力，绅董不尽任事，以致有滥竽冗食之弊，责以虚糜，亦复何辞，且上年饬令该局赶造炮子军械等件，又以机器太小，良匠无多，一时未能赶制，仍多购自外洋，或向香港厂内代造，其平日于局事不能认真讲求，已可概见。既据该革员禀称，情愿将虚糜之费赔出报效，经臣与该司道等酌核，除九、十两年用款已经核删者不计外，复将该革员应领未发之款驳扣一万五千两，不准发给，另行责令赔缴银二万两，以充海防经费，已据缴存善后局，并将移设城西新建制造局添造厂之费责令捐修。如此办法，不惟毫无浮冒，且已足痛戒虚糜。伏思粤省机器局系属创办，该革员承管局务，学艺本属疏浅，性情又复庸软，不能纠核司事工役，所费工料尚属有因。业经革职罚赔，从严惩儆，应请免其置议。

再查机器一局实为今日海防要务，但有扩充，断难裁撤。温子绍向于泰西机算之学本未谙通，特以素与港商往来，性喜制造，略解皮毛，前督臣瑞麟派令办理机器局，以开风气。以经费支绌，工器未能大备，故十二年久，止用银五十余万，迥非津沪各局规模宏阔之比。然自设局创办以来，员弁工匠能者渐多，频年办理海防、添补军械、修船运炮等事，该局也当能勉强支应，是则虽无大功，亦未必竟无微效。至城内机器局，现令归并城西浈河之增步军火局，拓地增屋，统名为制造局，合为一所，稽察较便，杂费亦省，兼取水运之便。……所有查明广东机器局碍难裁撤，革员温子绍当无侵冒，责令赔捐自赎及现筹整顿局务各缘由，理合恭折具陈。

奉旨："温子绍赔缴银二万两，即著拨充海防经费，余依议，该部知道。钦此！"

陈真编：《中国近代工业史资料》，第三辑，
北京三联书店 1961 年版，第 215—217 页。

光绪十一年十二月初一日两广总督张之洞：遵查广东机器局碍难裁撤并革员温子绍赔捐自赎折（下半部分）（来源：陈真编《中国近代工业史资料》第三辑，生活·读书·新知三联书店1961年版，第215—217页）

光绪十五年（1889 年）

G15—07—014

复前江苏候补道温子绍[6]

光绪十五年七月十四日

蝶园仁弟大人阁下：

令侄过津，奉到华函，并承惠寄鼻烟。南海奇芬，西湖佳制，潜通鼻观，遥识心香，远道珍贻，曷胜纫荷。近审怡神家巷，养望邱园为颂。承示两粤矿苗情节，符于所闻。峤西前岁曾有人专疏条陈，经寄谕彼中查勘，而大府以荒瘠聚众，恐滋事端复奏，议格不行。香帅于粤东各矿竭意搜掘，广示招徕，罢公费，免厘税，以冀众之争先。此时但有大力者负之而趋，人人可得自擅之利。执事深谙地力，又悉洋情，数载家居，涉历已多，讲求已熟，举凡集股、分置、机器等事，应如何筹度，定有全局在胸矣。专泐复谢，顺颂时祺。惟照不具。愚兄。

注："愚兄"为李鸿章　选自李鸿章奏稿

光绪十五年七月十四日复前江苏候补道温子绍(来源：中国第一历史档案馆藏《军机处录副奏折档》中的《李鸿章奏稿》)

张之洞[1]奏请开复温子绍片

光绪十五年十月二十日（1889.11.12）

再，前因在籍江苏试用道温子绍办理广东机器局未能核实，经臣奏参先行革职，澈底查办；旋经查明尚无侵吞浮冒情弊，惟物料不免虚糜，除将领款驳扣外，另行责令赔缴银二万两，并将添建制造局厂屋之费责令捐修，该革员业经革职，请免置议等情具奏，奉旨：温子绍赔缴银二万两，即着拨充海防经费，余依议。该部知道。钦此。各等因在案。

兹据善后局司道详称：所有此项罚款，早经该革员照数呈缴，其责令修捐厂屋，亦已遵照落成。伏查广东先时向无机器，自同治十二年始由该革员奉委开办，维时草创之初，规模未备，物料购自外洋，工徒招从廛市，其采办之辗转折耗，制造之拆改频烦，良由工艺生疏时势使然，尚非该革员侵蚀入己。频年以来，工匠解者渐多，转相授受，现今陆续开设各厂，取用不竭，溯厥由来，实为该革员开其风气。是其功过本不相掩。且先年所报支用数目，业经核删银一万五千五十两，又将应领未发之款驳扣一万五千两，又另责令赔缴银二万两，并将移设城西新建制造局添造厂屋之费责令捐修，是追缴之项已属不少。前经奏明如此办法毫无浮冒，既无浮冒，则其创办之效，似亦未可尽没。当此用人之际，该革员于机器之学虽属疏浅，然究曾经考核讲贯，且又历练有年，未尝不堪造就。所有应赔、应修各项，均

光绪十五年十月二十日张之洞奏请开复温子绍片（上半部分）
（来源：中国第一历史档案馆藏《军机处录副奏折档》）

已遵照分别完缴清楚。详恳奏请开复前来。

臣覆查该革员温子绍，从前办理机器局务物料不免浮糜，工徒不尽得力，由于开办之始，事出有因，并非营私中饱，至其风气所开，未必毫无微效，亦经臣于前奏声明。该司道等所详均系实情，现在应赔、应修各项既经该革员分别完缴，尚属深知愧奋。合无仰恳天恩俯准，将已革二品顶戴花翎·江苏试用道温子绍原官顶戴翎枝一并开复，仍归江苏原省试用，免缴捐复银两，以观后效。出自逾格鸿慈。

谨附片具陈，伏乞圣鉴。谨奏。

光绪十五年十一月初六日奉朱批：该部议奏。钦此。

（军机处录副奏折档）

光绪十五年十月二十日张之洞奏请开复温子绍片（下半部分）
（来源：中国第一历史档案馆藏《军机处录副奏折档》）

李瀚章[①] 奏请开复温子绍片

光绪十六年八月初七日（1890.9.20）

再，二品顶戴花翎·江苏试用道温子绍，前在广东创办机器局，用度未能节省，经前督臣张之洞奏参革职，罚赔银二万两，并责令捐办制造局厂屋。嗣因赔项缴清，建屋完竣，查其在差时并非营私中饱，而创办机器，讲求洋法，尚有微劳，复经前任督臣张之洞及臣两次奏请开复。接准部咨，该员参案系以免其置议奏结，碍难照准，臣亦何敢再三渎求。惟查温子绍于机器制造历练多年，颇有心得，实为可用之才。现在粤中制购各国枪炮，其码弹所存无几，若非普为仿造，设遇有警，有枪无弹，何以应敌？臣前派广甲轮船赴北洋合操，间有局制铜拉火未能合式，开炮即难灵便，可见一物未精，所关匪细，平时不讲，遇敌必挠。温子绍专精于是，为他员所不及，现值需人之际，合无仰恳天恩俯准将该员赏还原品顶戴翎枝，留粤经办机器制造等事，以资得力之处，出自逾格鸿慈。

臣为讲求军实起见，是否有当，理合附片具陈，伏乞圣鉴训示。谨奏。

光绪十六年九月初五日奉朱批：着照所请。吏部知道。钦此。

（军机处录副奏折档）

①李瀚章时任两广总督。

光绪十六年八月初七日李瀚章奏请开复温子绍片（来源：中国第一历史档案馆藏《军机处录副奏折档》）

附录三　温汝适二三事

温汝适，温子绍祖父，为官清廉，亦对温子绍影响甚多。

温汝适（“适”音同“括”），字步容，号筼坡，乾隆十九年（1754年）生于广东顺德龙山小陈涌乡下一个书香世家。他自幼聪敏好学，十六岁中举，三十岁成进士，并被选为翰林院庶吉士。他擅长诗文，字也写得极其漂亮。长期在宫廷中充任南书房行走、侍讲、侍读一类侍臣之职。后来显露出文学以外的治国之才，引起朝廷重视，由国子监祭酒（主管太学的官）、太仆寺少卿晋升为都察院左副都御史，最后官至兵部右侍郎，成为嘉庆皇帝后期的一位朝廷重臣。

温汝适为官勤谨正直、清正廉明，待人接物宽厚儒雅，在朝廷上被同僚誉为“正人”。他不但擅长诗文和书法，更主要的是关心国计民生，经常深入地方了解各方民情，一方面如实奏报朝廷，一方面采取切实可行的措施，对民间疾苦加以解决，深得民众的爱戴和拥护，是百姓心目中的一位清官、好官。

嘉庆九年（1804年），温汝适在都寮院任职。这一年，他回乡（顺德龙山小陈浦）省亲。在家乡居留期间，他并无官威，脱下朝服，按照本乡本土的礼仪和长幼辈分，恭恭敬敬地对“满脚牛粪”的泥腿子尊称叔、伯 、叔公、伯公、阿姆……

在与他们的交谈当中，温汝适听闻顺德一带海盗盛行，百姓苦受其害。温汝适当下决定奏准朝廷，推迟返京，对海盗为患的情况展开调查。

原来，自嘉庆初年起，在南中国海上，活跃着打红黄蓝白黑青旗号的六大帮海盗。其中以张保仔的“红旗牌”和郭婆带的“黑旗帮”最强大，全盛时期各拥有三四万人，五六百艘战舰，且有新式武器装备，连朝廷水师也难与之匹敌。海盗以香港一带岛屿为基地，长年出没于大海上，拦截中外商船和官府盐船，劫掠货物、勒收行水（巨款），闹得一连几任两广总督都束手无策。

温汝适根据此两点，提出具体解决方案。即改官盐海运为陆运，以杜绝海盗抢掠的机会；建议改派强悍的大臣到粤，厉行海禁并组织团练防御，以此方法断绝海盗粮食和弹药的补给来源。

温汝适以武力剿平海盗的主张，得到沿海老百姓的拥护，百姓不惜以鲜血和生命为代价去实行这一政见。当张保仔、郭婆带的船队闯入内河烧杀掳掠时，乡民自发组织起来进行抵抗，写下了一页页悲壮惨烈的抗贼篇章。再配合推行“保甲连环”的户籍制度，举办地方团练，加强地方自卫实力，终使张、郭两大海盗集团被制服，最后为朝廷所招安。从此，南中国海及沿海城乡赢得太平盛世，恢复原来的平静。

嘉庆十三年（1808年），英军炮舰闯进澳门，觊觎香洲，当局要求清政府出面干涉，而受权处理此事的两广总督却优柔寡断，徘徊观望，迟迟不采取有效措施，致使英人愈加嚣张，局面越来越被动。一帮粤籍京官碍于情面，更多的是考虑自己切身私利，也不愿开罪家乡所在的封疆大吏，大多只是私下议论纷纷，却不敢将情况向朝廷反映。

温汝适了解清楚有关情况后，十分愤慨。他认为“食君之禄，理当为君分忧”，况且英军的行为直接关系到国家领土主权和民族尊严，为此他不顾个人的安危得失，毅然上疏弹劾两广总督的失职行为，并吁请朝廷当机立断，万万不可示弱于英夷。

他在奏疏中分析说：“英夷虽有大炮战舰，但并非想象中那么可怕，因为他们有两个致命弱点：一是地形不熟，二是补给不便。如果截断他们的补给线，并派勇士乘夜潜水凿沉他们的船只，那么完全可以克敌制胜。不过也不宜轻举妄动，应该先礼而后兵，派钦差大臣交涉，严正谴责他们带兵擅自入境的行径，并且调集重兵以示威摄，对方自然会审时度势，体面收场。”

朝廷按温汝适的建议做出部署，英军见势不妙，果然乖乖撤走。

嘉庆二十三年（1818年），温汝适休官回到故乡顺德龙山小陈涌侍奉病中的母亲。当年夏天，适逢家乡发生大水，田庐被毁、哀鸿遍野、民不聊生，尽管治理故乡及抗洪救灾的职责在地方政府，面对惨重的灾情，他仍将其作为己任。

他一方面找来父老乡亲作调查研究，请教抗洪救灾的办法；另一方面，他不避风雨，深入到各个出险河堤进行实地勘查。经历了许多迎风斗雨的日日夜夜，他终于弄清楚了，出险堤段在上游的南海县沙头境内。该堤段虽然关系着顺德西部的安危，但历来修筑防洪归南海县负责。该处民居疏落，堤段跨度较长，又限于当地人力财力，堤段岁修质量难以保证。温汝适为了彻底扭转这种状况，竭力主张两县合修，并认为财力较为雄厚的顺德两龙地区（龙江、龙山）必须承担相当一部分费用。

他率先游说本县头面人物集资，联合南海县人士组织围董会。但民间集资开展得很艰难，原因是贫苦乡民本身终年劳碌仅得温饱，即使倾力解囊，也是杯水车薪。至于薄有田产或经商致富者，则你看我我看你，心想出了钱而阻不住洪水，岂不等于财帛化水？于是纷纷强调困难，不肯多出力。

温汝适将原本准备翻修祖屋的银两拿出，全数捐作修堤之用。他的无私奉献感动了乡亲，于是有钱的也纷纷增加集资款项。但民间集资所得资金毕竟有限，还不能从根本上解决修堤和养堤的问题。温汝适请求广东官员将情况上奏嘉庆帝，后获准借给无息国库银八万两，用来贷给商户，这样每年可生息九千六百两，以五千两还本，四千六百两拨作堤围岁修的费用，待债务全部偿还后，每年的利息就能全部用来修堤围。

温汝适虽然直接掌管八万两国库银，但始终两袖清风，不贪分文。

由于温汝适努力造福桑梓，水利事业也得到有效改善，水患初步得到控制，这为后来河堤的进一步加固完善提供了一个良好的基础。到了清末，堤围规模基本保持良好，民国十二年增建歌窖、龙江和狮啥口三座水闸后，形成完整的闭口桑园围。

当时该围堤长64公里，捍卫着南海的西樵、九江、沙头和顺德龙江、勒流等5个镇20.05万亩耕地、21万人口。时至今日，只要提起桑园围水利工程，人们都会自然而然地想到历史上有位清官，不畏艰苦，不惧谗言，为民造福，为桑梓鞠躬尽瘁。南海一带甚至兴建河神庙将其供奉于内，就是纪念这位清官温汝适。

清代著名文学家黄仲则在《两当轩集》中，有一首篇幅不短的七言古风《送温舍人汝适南归广州》。在诗中，这位以清高孤傲著称的诗人，以无比深厚的感情，表达了对这位挚友的由衷敬佩和依依不舍之情：

长安甲第如云高，但觉舍人官独冷。将金作劲玉作寒，似风声清鹤声警。前身合是罗浮花，吹送寒香过庾岭…… 雅量如君有几人？对君自失破千顷。我在长安屡送人，只有送君秋耿耿。

——摘自《顺德历史人物》

附录四　温承悌与温其球

嘉庆年间，时任一品加赏双眼花翎的嘉庆皇帝老师、兵部侍郎温汝适儿子温承悌娶宰相董诰（其父董邦达为上一任宰相）女儿董一为妻，不但轰动了顺德，也是京城的一大盛事。按理来说这样的婚礼应该非常盛大，但事实上却是异常简陋。

究其原因，一是因为温汝适和董诰皆是两袖清风的清官。温汝适为官多年甚至于官拜兵部侍郎，却仍旧多年没有翻修祖屋，顺德老家的房屋已经摇摇欲坠。女方董家也一样，董邦达和儿子董诰父子虽然相继为宰相（清朝的大学士兼军机大臣），但他们也是居廉守正，分文不贪，连居住的场所都是租回来的。所以，这虽是中国官场上级别极高的婚礼，但也可能是历史上高官子女最简陋的婚礼，一时在京师传颂。

温汝适虽然清贫，但贵在清贫不改志向。温承悌和董一的婚礼虽然简单，但是贵在能够相互扶持，一生到老。其后两人为温家开枝散叶，众多子女中最为疼惜的便是温子绍。

温子绍之所以在洋务上能有大成，一方面是因为自己的刻苦努力，另一方面是来自于家里的鼎力支持。父亲温承悌听闻他喜欢洋务，于是大力支持，甚至送其出洋。温承悌死后，其母董一对他也是非常支持。

在这样的家庭生长，温子绍是幸运的，同样幸运的还有温其球，温子绍的第五个儿子。温子绍非常喜欢自己的这个孩子，本想让他继承自己的事业，继续从事洋务，但是听闻他喜欢山水画后，更见清廷疲弱，便不再反对其从事绘画。却不想无心插柳，为广州培养了一位难得的国画大师。

温其球（1862—1941），字幼菊，号菊叟，别署语石山人，广东顺德龙山人。早年师从花鸟画家许菊泉，习恽南田一派。归里后，于山水、花鸟、鱼虫、人物无不临习。

光绪二十年（1894年）温其球曾经随父温子绍北上渤海，入海军提督丁汝昌幕。甲午海战前夕，因献策抗击日舰未被采纳，遂辞职南归，重理绘事。

1925年，温其球与潘景吾、李凤迁等人于广州六榕寺组织国画研究会，与新派对阵。温其球山水、花卉造诣甚深，兼擅治印，与伍德彝齐名华南二十余年。50岁后其作品上溯宋元，力求浑化。其山水，喜作青绿大幛，又喜作长卷（有广九路风光写生卷，约30丈）。尝见其仿石涛笔意山水小帧，结构简逸而笔墨厚重；又见其花果写生，纯用没骨法，着色雅淡而风格拙朴。

抗战初，温其球在香港病卒，终年七十九岁。作为近代国画史上极为重要的一人，温其球的不少作品珍藏于各大博物馆中，甚至于还流传海外。珍藏于香港艺术博物馆的《百花卷》就是其中之一。此卷的前四段分别为桃花、桂花、腊梅和菊花，均是以高度准确而纯熟的技法，直接临摹《亘古无双》册中的四页恽寿平花卉图，不但画工超然，而且影响深远。

附录五　温子绍曾孙温以才简介

温以才（笔名依采），温子绍曾孙，1944年9月生，广东顺德龙山人，广西大学教授，副厅级退休干部，现为中国美协会员、中国动物学会会员、中国水彩画家学会会员、中国教育家协会理事。

温以才的高祖是嘉庆皇帝老师温汝适，曾祖父是中国近代军工业创始人之一的温子绍。1944年出生于战时的中山大学，早年由港返穗就读，1966年毕业于湛江水产学院。其自幼受伯公温其球的启蒙，美术作品《在水一方》获国家奖1次，美术作品共入选全国美展7次、国际级美展4次，书法作品也多次入选国家级展览，是一个书画都较突出的画家。

温以才曾在山区中学工作，任教《英语》《美术》等中学课程8年；在大学工作时执教《鱼类学》《名特优水产》《艺术鉴赏》《园林美术》《美育基础》等课程。其从教30余年，教学科研获奖成果多次载入《中国实用科技成果辞典》《中国农业文库》及《中国动物科学研究》等专集，个人业绩载入多部辞典及英国剑桥国际人物传记中心（IBC）的《国际人物传记辞典》（第26版及第27版）。

温以才著有《广西中学美术》、《柳江鱼类区系》（合作）、《水生昆虫龙虱、桂花蝉的生物学特性及养殖利用》、《鱼系汉字初步研究》、《我国稀有热带观赏鱼——唐鱼》、《日本吸盘龙虱营养价值初析》等60多本著作。此外，著有教材《鱼类学讲义》（广西大学教材科印行）、《名特优水产概要》、《观赏鱼概论》、《鱼系汉字》等。①

---

① 据《温氏光禄祠颐光堂家谱》、广州国际艺术博览会2008年出版的《2008广州国际艺术博览会——中国美术家协会会员温以才作品》等资料整理。

附录六　温子绍玄孙温亚平简介①

温亚平，美籍华裔画家，原籍广东顺德龙山，出生于书香世家。其祖上温汝适，字步容，清乾隆四十九年（1784年）进士，钦点翰林院庶吉士，官至兵部右侍郎，曾任嘉庆太子时期的老师。叔祖父温其球（字幼菊，号菊叟，别署语石山人）是民国初年广东国画研究会的创始人之一，因其德艺名重于时，享有"广东画坛祭酒"之美誉。他的山水、花卉造诣甚深，山水魄力沉雄，笔意幽远，花卉一致潇洒，淡雅绝俗，为当时岭南著名画家。温亚平自小接受书香世家的熏陶，并在从事美术教育的父亲温和天的影响下，钟情绘画，7岁至10岁间已多次获得广东省儿童画展一等奖，13岁时山水画曾在中央电视台被重点介绍，1983年参加"广东温氏五人展"，作品颇受赞誉。

温亚平1990年移居美国，1992年进入加州艺术学院深造，全力投入艺术创作，其间多次参加国际艺术家联展，并于1992年在纽约举办二人展，花卉作品被纽约艺术馆收藏，1995年被编入《中国当代艺术界名人录》及《世界华人艺术家成就大典》。温亚平在熟练掌握中国画技巧的同时，不断吸收西方绘画技法，以细腻严谨的线条和斑斓的色彩巧妙融合，善于从大自然中寻画材，"外师造化，中得心源"，作品表现出热烈而丰富的艺术魅力。2007年在北京举办二人画展，在国内其他地方举办多次个展、联展，作品深受好评。彩墨画《熊猫》《张家界》《美国风光》获2010年中国美术家协会第

---

① 温亚平是温子绍玄孙，顺德龙江温氏22代人物。该文见《中国美术百家·温亚平》，天津人民美术出版社，2013年。

十六届亚运会中国画优秀奖。国画《半岭泉争流，奇石如渴马》及《西樵山风光》分别被人民大会堂、中南海收藏。十米长幅彩墨《春夏秋冬》《九十只熊猫》应邀参加庆祝中国共产党成立90周年全国大型展览。多张彩墨作品、国画作品分别由北京保利春季拍卖会、瀚海春季拍卖会、广东省艺术品拍卖会等拍卖。2011年3月间接受中央电视台《书画人生》栏目采访并现场作画。

温亚平现为（美国）中国画院院长、亚洲艺术学会会员、亚洲艺术学院特聘画家。

后 记

本书的主人公温子绍，具有高度的爱国热忱和强烈的民族自尊心，以一腔热血，仿制出我国首支自动步枪，并仿制我国首艘炮船，被两广总督张树声誉为“中国创始之举”，直到甲午海战失败后，一直在尝试制造出更先进的武器，试制“火箭”，希望国家得以不再受外辱。然而，在腐败的大环境下，个人的力量是非常有限的。

自从日本制定了“大陆政策”之后，就开始发展自己的海军和军备。所谓“大陆政策”，是指作为岛国的日本，应跳出岛国限制，向中国和朝鲜等大陆国家进行武力扩张，梦想称霸亚洲，征服全世界的侵略总方针。而日本“大陆政策”的缘起，并非从日本近代开始的，早在丰臣秀吉（1536—1598）初步统一日本后，就曾于1592年、1597年两度发动侵略朝鲜的战争，至德川幕府末期则出现了“海外雄飞论”。1890年后，日本政府甚至将财政收入的六成用于扩充军备，以此来达到赶超中国的目的。反观当时的清廷，自从北洋海军基地建成之后，就没有再新引入战舰，而且所有的补给都只是停留在改良武器装备的阶段，甚至在1891年后，连枪支炮弹都暂时停止采购。当时日本已经蓄势待发，清廷竟然还有心情为慈禧筹办六十大寿，甚至打算拨出三千万两银子的专款。慈禧太后死后的陪葬品估算居然达到两千四百五十六万两千四百两白银，而清朝三十年以来建设舰队的全部经费都不足两千万两，由此可见晚清的失败是必然的。

我不自量力，动笔写下这本《中国机械名师温子绍》，是希望大家能回顾这段惨痛历史，学习机械名师温子绍敢为天下先和忧国忧民的爱国主义精神，鉴古观今。

此书的写作依据是中国第一历史档案馆的历史奏折、《广东省志》、《全球通史》、《太平天国兴亡史》、《洋务运动史话》、《广州市志》、各县志及《顺德历史人物》、《龙江千年回眸》、《龙山乡志》、《温氏光禄祠颐光堂家谱》，还有刘坤一、张树声、李鸿章等晚清中国官员的原始遗留文字资料，以及各历史人物的后代、族人的回忆，并且实地走访了温子绍生活与工作过的地方，宗旨是尽可能客观地重组还原温子绍的一生。

然而，作为民间业余历史研究爱好者，资料来源非常有限，虽然经过了十多年的资料搜集，但仍不够详尽；且非科班出身，毕竟水平有限，文笔粗糙在所难免。希望各界友人，不吝赐教，联系邮箱：75441696@qq.com。

感谢《佛山历史文化丛书》编委会编辑部、佛山日报社佛山历史文化研究中心的大力支持和帮助。在本书撰写和出版过程中，得到蔡德志等文化界朋友的无私帮助，特此鸣谢！

温荣欣

2018年4月28日

《佛山历史文化丛书》已出版书目

第一辑

01.《佛山状元文化》

02.《佛山古村落》

03.《佛山商道文化》

04.《佛山家训》

05.《佛山中医药文化》

06.《佛山明清冶铸》

07.《佛山历史人物录》

08.《佛山传统建筑》

09.《佛山祖庙》

10.《佛山粤剧》

第二辑

01.《西樵山与岭南理学的传承》

02.《佛山北帝文化与社会》

03.《佛山历代诗歌三百首》

04.《明清佛山地方治理研究》

05.《石湾窑研究》

06.《佛山木版年画历史与文化》

07.《佛山彩灯》

08.《佛山纺织史》

09.《佛山武术史略》

10.《佛山古今桥梁掠影》

第三辑

01.《詹天佑：从南海幼童到中国铁路之父》

02.《陈启沅传》

03.《骆秉章传》

04.《冼冠生和冠生园》

05.《佛山古代铸造工匠技艺》

06.《李待问传》

07.《佛山龙舟文化》

08.《大绅与通儒：李文田传》

09.《中国机械名师温子绍》

10.《吴趼人评传》